KB113098

버킷리스트 9

이 책을 소중한

_____님에게 선물합니다.

_____ 드림

· 후회 없는 진짜 인생을 만드는 힘 ·

버킷리스트 9

기획 · 김태광

김태광 김종율 이명호 이선정
강장미 최흥권 최영은 홍서진 김현정

시너지북

후회 없는 삶은
버킷리스트로부터 시작된다

우리는 모두 최고의 삶을 살아갈 의무와 권리를 가지고 있다. 후회 없는 삶을 살기 위해서는 목적 있는 삶을 살아야 한다. 버킷리스트를 가지고 살아야 한다는 뜻이다. 우리는 지구별에 오기 전 천국에 있을 때, 지상에서 어떤 체험을 하기로 계획을 세웠다. 그 체험을 하기 위해 우리는 저마다 최상의 환경을 선택해 지금의 삶을 살고 있는 것이다.

인생은 시간이라는 조각들로 이루어져 있다. 시간을 잃게 되면 인생은 끝난다. 그나마 우리가 원하는 삶을 창조할 수 있는 시간이 있는 지금 죽기 전에 하고 싶은 '버킷리스트'를 가져야 한다. 버킷리스트라고 해서 무조건 거창할 필요는 없다. 다음과 같이 쉽고 간단한 것이어도 좋다.

- 블랙 푸들 키우기
- 사랑하는 사람과 크루즈 여행 가기
- 부모님 모시고 저자 강연회 하기
- 홀로 계신 어머니(아버지) 모시고 살기
- 생애 책 10권 쓰기
- 3명의 자녀를 낳아 작가, 코치, 강연가로 만들기

최고의 삶은 자격증 공부, 석·박사 학위 따기, 승진하기 등이 아니다. 지금 내가 무엇을 하고 싶고 죽기 전에 어떤 일을 하고 싶은지 생각해 보는 데서 시작된다.

9명의 작가들은 진솔하게, 때론 거침없이 자신의 버킷리스트에 대해 썼다. 나는 모두의 버킷리스트가 실현되리라 믿는다. 그리하여 우리 모두는 지금보다 더 나은 미래를 만들어 나갈 것이다.

2016년 10월
대한민국 대표 책쓰기 코치 김태광

CONTENTS

버

킷

리

스

트

9

| 김태광 |

〈한국 책쓰기 성공학 코칭협회〉에서
1만 명 작가 만들기

김태광

〈한국 책쓰기 성공학 코칭협회〉대표이사, 〈위닝북스〉, 〈시너지북〉, 〈추월차선〉출판사 설립자,
대한민국 대표 책 쓰기 비법 스타 강사, 제1회 대한민국기록문화대상 수상

저술과 강연을 통해 600여 명을 작가와 강연가, 코치, 컨설턴트로 만들었으며, 지금까지 200여 권의 책
을 집필했다. 2011년 제1회 '대한민국기록문화대상' 최고기록부문 '책과 잡지분야'를 수상했고, 2012년
에 '대한민국 신창조인 대상', 2013년에 '도전한국인 대상'을 수상했다. 현재 네이버 카페 〈한국 책쓰기
성공학 코칭협회〉를 운영하고 있다.

| E-mail vision_bada@naver.com

〈한국 책쓰기 성공학 코칭협회〉에서 1만 명 **작가** 만들기

  과거의 나는 누구보다 힘들고 비참한 삶을 살았다. 빈농의 자식으로 태어나 20대 후반에 아버지가 갑작스레 돌아가시는 바람에 재산이 아닌 빚을 상속받았다. 낮은 학력과 무엇 하나 기댈 것 없는 배경에 남들은 겪지도 않을 고생을 하며 20대와 30대 초반을 보내야 했다. 나는 누구 못지않게 사람들의 관심과 인정, 애정에 갈급했다. 하지만 이 세 가지 가운데 하나라도 얻을 수 있는 그 무엇이 내게는 없었다.

  나는 나의 스토리를 담은 책을 쓰는 일에 전부를 걸었다. 아무것도 가지지 않은 내가 사람들에게 인정받고 존경을 받을 수 있는 길은 책 쓰기뿐이었다. 꾸준한 수입이 없었던 상태에서 책을 쓰느라 하루하루가 불안하고 고통스러웠다. 하루에도 수십 번 안정적인 직장을 구해야 하는 건 아닐까 하는 생각이 들곤 했다. 하지만 그렇게 들어간 직장은 임시방편에 지나지 않는다는 것을 잘 알고 있었다. 머지않아 메뚜기처럼 또 다른 직장을 찾아 뛰어다니게 될 것이었다.

당시 나는 고단한 내 삶을 구원해 주고 명예와 부를 안겨다 줄 수단은 나의 스토리가 담긴 책이라고 믿었다. 20여 년이 지난 지금에 와서 보면 나의 확신과 믿음이 틀리지 않았다는 것을 알 수 있다. 지금의 나는 과거와는 차원이 다른 삶을 살고 있다. 전 세계와 전국에서 사람들이 책을 쓰는 비결을 배우기 위해 나를 찾아오고 있다. 나는 현재 〈한국 책쓰기 성공학 코칭협회(이하 한책협)〉를 통해 1만 명의 작가를 배출하기 위해 목숨 걸고 노력하고 있다.

다음은 저서나 강연 등에서 내가 자주 하는 말이다.

"저서는 최고의 학위다. 대학원에 다니며 석사, 박사 학위를 따는 것보다 제대로 된 저서 한 권을 출간하는 것이 자신을 퍼스널 브랜딩하는 데 훨씬 도움이 된다. 주위를 둘러보면 널린 게 석사, 박사다. 직장에서 눈치를 보거나 대출까지 받아 가며 대학원에서 석사, 박사 학위를 땄지만 자신의 자리를 찾지 못해 힘들게 사는 사람들이 헤아릴 수 없이 많다. 반면에 자신의 책을 출간해 코칭, 강연 활동, 칼럼을 기고하거나 자신의 이름을 딴 1인 기업을 만들어 잘나가는 이들도 많다."

많은 사람들이 석사, 박사 학위에 목을 매고 있다. 고작 종이 한 장에 불과한 학위가 얼마나 가치가 있을까? 주위를 둘러보면 너나 할 것 없이 석·박사 학위 하나쯤은 갖고 있는 것이 현실이다. 따라서 더 이상 석·박사 학위에 매달려선 안 된다. 학위를 따기 위해 들인 수년간의 세월과 수천만 원의 비용이 너무나 아깝지 않은가.

인생은 시간이다. 시간을 낭비한다는 것은 인생을 낭비하는 것과 같다. 종이 한 장짜리 학위를 받기 위해 소중한 시간을 낭비하는 사람들이 너무나 안타깝다.

나는 특강에서 다음과 같이 말한다.

"특히 가난한 사람들은 물건을 살 때 가치보다는 가격을 따지고 선택합니다. 반면에 부자들은 가격보다 그 물건이 갖고 있는 가치를 보고 결정합니다. 그래서 가난한 사람들은 갈수록 가난해지는 반면에 부자들은 부유해지게 됩니다. 인생은 어떤 선택을 내리느냐에 따라 달라집니다."

과거의 나는 책 한 권을 내기 위해 수백 군데의 출판사로부터 퇴짜를 맞았다. 200여 권의 책을 펴내고 대한민국 대표 책 쓰기 코치가 된 지금 생각해 보면 충분히 그럴 만한 이유가 있었다고 생각한다.

나는 당시 책을 쓰는 법을 알지 못했다. 혼자서 대충 짐작해 가며 원고를 썼기 때문에 출판사의 눈에 들지 않았던 것이다. 독자와 출판사들이 좋아할 만한 주제와 제목도 아니었고, 원고 역시 일기 쓰듯이 썼던 기억이 난다. 원고를 쓰는 형식도 출판사가 좋아하는 형식이 따로 있다. 이 형식을 갖추고 A4용지 100매가량을 써야 하는데 나는 일기 쓰듯이 50매가량 써서 출판사에 보냈다. 그러니 출판사들이 내 원고를 퇴짜 놓았던 것이다. 책 한 권을 제작하기 위해선 수천만 원의 비용이 드는 만큼 그들로서는 신중을 기했던 것이다.

나는 매일같이 라면을 주식으로 하며 3년 반 동안 영등포에 위치한 고시원에서 글을 썼다. 곧 내 원고가 출판사와 계약이 되고 책이 되어 나오는 상상을 했다. 못 먹고, 못 쉬며 막노동을 하면서 원고 쓰기에 매달렸기에 사는 게 사는 게 아니었다. 몸이 아팠고, 마음이 아팠다. 현재가 고달팠고 미래는 불안했다. 당시를 떠올려 보면 정말 안갯속을 걷는 심정이었다. 하지만 죽어라고 책 쓰기에 전부를 걸었고 마침내 작가가 될 수 있었다. 내 이름으로 된 책이 세상에 나오게 된 것이다.

그동안 200여 권의 책을 출간했고 총 11권의 초·중·고 교과서에 나의 글이 실렸다. 작가 최초로 '대한민국기록문화대상'을 수상했으며 전 세계 사람들을 대상으로 책 쓰기 코칭을 하고 있다. 나는 최고의 실력으로 누구나 1~2개월 만에 원고를 쓸 수 있도록 코칭하고 있다. 지금까지 600여 명의 보통 사람들이 작가가 되도록 도왔다.

나를 만난 사람들은 주위 사람들로부터 인정과 사랑을 받으며 살고 있다. 나를 만나기 전에는 이렇다 할 꿈도, 목표도 없었지만 나를 만난 뒤에는 작가, 코치, 강연가, 1인 창업가의 꿈을 갖게 되었다. 자신만이 갖고 있는 경험, 삶의 깨달음, 해결책 등을 사람들에게 들려주어 수입까지 올리는 메신저의 삶을 지향하고 있다. 그들은 갈수록 기대되는 눈부신 미래를 만들어 갈 것이다.

내가 '1만 명 작가 만들기' 버킷리스트를 가진 이유가 있다. 저서야말로 세상에 나를 제대로 드러내 줄 뿐 아니라 사람들에게 인정과 존중, 존경을 받게 하는 최고의 수단이기 때문이다. 책을 써내야 남들과 차별되는 삶을 살 수 있다.

다음은 내가 여러 책이나 강연 등에서 말하는, 책을 쓰면 좋은 네 가지 이유다.

첫째, 책 쓰기는 나를 발전시키는 최고의 공부법이다. 하나의 책을 쓰기 위해서는 방대한 양의 자료를 조사하고, 그에 따르는 연구가 필요하다. 이러한 일련의 과정에서 탁월한 자기계발의 성과를 거둘 수 있다.

둘째, 책을 쓰면서 자신이 몸담았던 분야를 좀 더 확실하게 정리할 수 있고, 체계화시킬 수 있다.

셋째, 책 쓰기는 사회의 공익에 도움이 된다. 내가 쓴 책에는 그동안 축적되어 온 나의 지식과 인생 경험, 철학 등이 담겨 있다. 따라서 누군가에게 위로가 되고 희망이 될 수 있다.

넷째, 책 출간의 기쁨은 무엇과도 비교되지 않는다. 첫 책 출간의 기쁨은 자신에게 자부심을 안겨 줄 뿐 아니라 평생 잊히지 않는다.

저서는 최고의 마케팅 수단이다. 책을 써서 나를 알려야 한다. 나는 당신이 남들이 다 가진 석·박사 학위를 따기 위해 시간과 비용을 낭비하지 않기를 바란다. 석·박사 학위를 따고 나면 그걸로 끝이다. 또 다른 결핍을 채우려고 또다시 시간과 비용을 들여 스펙을 쌓기 위해 애쓰게 될 것이다. 스펙에 대한 콤플렉스는 아무리 채워도 끝이 없다. 하지만 내 이름으로 된 책을 펴내게 되면 모

든 콤플렉스에서 벗어날 수 있을 뿐 아니라 기대하지 않았던 기회
들이 생겨난다. 이것이 바로 내가 전국 1만 명 작가를 양성하려는
목적이나.

버

킷

리

스

트

9

| Chapter 1 |

사람들의 잠재력을
깨우는 메신저

김종율

김종율

공공기관 종사자, 행복드림 코치, 동기부여가, 자기계발 작가

공기업 20년 차 직장인으로 6시그마, ISO 품질심사원 등 사내 혁신리더로 활동하고 있다. 꿈이 없는 직장인들에게 힘과 용기를 불어넣어, 행복한 직장생활을 하도록 해 주는 동기부여가를 꿈꾼다. 평소 신의 직장은 없다는 주장을 펼치며, 공공기관 종사자들의 애환을 담은 개인저서를 집필 중이다.

| E-mail belllaw@naver.com

세상의 변화에 기여하는 메신저 되기

중국 남북조시대 말기의 귀족 안지추가 자손을 위해 저술한 교훈서 《안씨가훈》〈성사편〉에는 "좋은 일이면 관여하고 나쁜 일이면 참견하지 마라."라는 말이 나온다. 주나라 영왕의 태자 왕자진은 "밥 짓는 사람을 도우면 밥맛이라도 보지만 싸움을 도우면 상처만 입는다."라고 했다. 이 말은 좋은 일이면 참견해도 괜찮지만 나쁜 일이면 아예 참견조차 하지 말라는 뜻이다. 선한 마음으로 도움이 필요한 사람들을 돕다가 죄를 얻게 되더라도 기꺼이 감수해야 한다는 속뜻이 담겨 있다.

얼마 전까지 나는 지구촌 곳곳에서 벌어지는 일들이 나오는 상관없는 일이라고 생각했다. 나는 한 달에 한 번 중증장애인을 위해 봉사활동을 하면서도 수동적으로 임했고, 다른 봉사활동에도 적극적이지 않았다. 그러나 우연히 알게 된 〈한책협〉의 김태광 코치를 만나고서부터 달라지기 시작했다. 종이에 나만의 버킷리스트인 '세상의 변화에 기여하기'를 적고 나서부터 마치 롤러코스트를 탄 것처럼 변화하기 시작했다.

독일의 루터교 목사이자 반전운동가인 마르틴 니묄러는 교회의 나치화와 교회에 대한 국가의 간섭에 반대하는 단체인 고백교회(confessing church)를 창설했다. 그는 나치의 유대인 학살에 항거하다 감옥에서 옥고를 치러야 했다. 전쟁이 거의 끝나 갈 무렵에야 연합군에 의해서 가까스로 구출될 수 있었다. 그는 전쟁이 끝난 뒤 "전쟁의 책임은 히틀러에게만 있는 것이 아니라 목사인 나에게도 있다!"라고 고백하기도 했다.

니묄러 목사는 감옥에서 같은 꿈을 무려 일곱 번이나 반복해서 꾸었다고 한다. 꿈속에서 수많은 사람들이 하나님의 심판대 앞에서 고백할 때, 한 사람만은 죄를 고백하지도 않고 변명만을 늘어놓았다.

"아무도 나에게 복음을 전해 주지 않았습니다. 그래서 나는 믿을 수가 없었습니다."

어디서 많이 듣던 목소리였다. 그 자는 바로 아돌프 히틀러였다. 같은 꿈을 마지막으로 꾸던 일곱 번째 날 니뮐러에게 하나님의 음성이 들려왔다.

"니뮐러야! 너는 목사로서 히틀러를 미워하며 항거했을 뿐, 한 번이라도 그를 위해서 진심으로 기도하거나 그에게 복음을 전한 적이 있느냐? 네가 히틀러에게 전도했더라면 그가 무서운 폭군이 되어 전쟁을 일으키지 않았을 것이 아니냐?"

그를 향한 하나님의 음성에는 질책이 담겨 있었다. 이에 니뮐러 목사는 깊은 깨달음을 얻었다. '전쟁의 책임은 히틀러에게 있는 것이 아니고, 그를 위해 진심으로 기도하지 않고 그에게 복음을 전하지 않은 나에게 있구나!'라며, 참회하는 심정으로《전쟁 책임 고백서》를 저술하게 되었다.

최근 우리 사회에 강력 범죄들이 연이어 발생하고 있다. 강력 사건을 일으킨 당사자들에게 니뮐러 목사의 말처럼 사회 구성원 모두가 복음을 전파하고 따뜻한 말 한마디와 온정의 손길을 베풀었다면 어떠했을까? 최악의 상황은 막을 수 있었지 않았을까? 나 또한 그들을 비난하기에 앞서 나 자신을 돌아보고 내가 할 수 있는 일은 했는지 반성하는 계기가 되었다.

지금 우리나라에서는 유례 없던 미세먼지 증가로 국민 건강이 위협받고 있다. 예전에는 봄철마다 중국 대륙에서 편서풍을 타고 날아온 황사로 인해 많은 불편을 겪었다. 그러나 이제 황사보다 더 인체에 유해한 미세먼지라는 새로운 오염원이 나타났다. 미세먼지에 대해선 정부기관이나 언론사마다 각기 다른 방향으로 보도하고 있는 실정이다.

국립환경과학원의 자료(2013년 '국가 대기오염물질 배출량')에 따르면, 미세먼지 배출원 28개 분류항목 중 화물차 8,409톤, 선박 6,922톤, 건설장비 6,196톤, 제철·제강업 4,645톤, 공공발전시설 3,831톤, 공정로 2,900톤, 레저용 자동차(RV) 2,675톤 등의 순으로 미세먼지를 배출하고 있다. 하지만 정부의 미세먼지 특별대책에서는 경유차, 발전소만 주로 언급되고 제철·제강소는 빠져 있어 자료가 허술하게 작성되었다는 지적이 나오고 있다.

오염물질을 배출하는 자동차는 전국적으로 분산되어 있다. 반면에 제철·제강업의 경우 포항·광양·당진 지역에, 무연탄을 연료원으로 사용하는 화력발전 시설은 영흥·당진·태안·보령 등에 집중적으로 배치되어 있다. 그로 인해 수도권의 미세먼지 발생 일수와 농도에 엄청난 악영향을 주고 있다. 여기에 중국에서 날아오는 오염물질까지 더해져서 미세먼지 농도는 더욱 높아지고 있다.

우리나라에서 근무하고 있는 어느 외국인 교수는 현재 우리나라 미세먼지 현상은 '자업자득'이라고 말한다. 유해성 물질을 배출하는 국내 공장을 비교적 규제가 약한 중국으로 이전해 가동하고 있는 탓에 그곳에서 생산 배출된 오염물질이 우리나라로 고스란히 날아 들어온다는 것이다. 이렇듯 보이지 않는 먼 곳에서 일어나는 일들이 우리 생활에 밀접한 영향을 미치고, 우리의 건강을 위협하고 있다.

우리나라에 또 다르게 심각한 위협이 되는 것은 '가뭄'이다. 2015년 충청지역을 중심으로 중부지방에 극심한 가뭄이 찾아왔다. 보령댐의 저수율이 20% 미만으로 떨어져 농업용수는 고사하고 생활용수까지 바닥나는 사태가 발생했다.

내가 몸담고 있는 회사에서는 6개월 동안 제한급수 홍보와 '물 아껴 쓰기' 캠페인을 벌이는 등 주 업무를 뒤로한 채 예산, 홍성, 서산, 태안 등 충남 서북부 지역을 돌아다니며 홍보활동에 열을 올렸다. 급기야 보령댐 도수로 연결 공사를 실시해 금강의 물을 보령댐에 담수하도록 하는 극단적인 조치까지 취하게 되었다.

우리나라는 유엔(UN)이 분류한 물 부족 국가다. 하지만 분류 방법 측면에서 불합리한 면이 있어 잘 받아들여지지 않고 있는데다 물 부족에 대한 인식 부족으로 물을 흥청망청 사용해 왔다. 그러나 2015년 극심한 가뭄 현상을 겪으며 피해를 본 국민과 정부는 우리나라가 물 부족 국가라는 분류를 자연스럽게 받아들이고 있다.

우리나라의 연 강수량은 1,200mm로 세계 평균보다 1.3배 가량 많다. 하지만 국토 면적에 비해 인구가 많아 1인당 연 강수량은 세계 평균의 12% 수준밖에 되지 않는다. 게다가 강수량이 6~8월에 집중되어 있어 물을 효율적으로 관리하고 아껴 쓰지 않으면 안 된다.

오랜 가뭄으로 고통받는 아프리카 사람들이 있다. 이들 가운데 많은 사람들이 사막화로 인한 먹는 물 부족과 더러운 물을 직접 마셔서 발생하는 질병으로 인해 죽는다. 우리는 이곳을 지원하기 위해 전기 동력을 사용한 우물을 개발하거나 수도 시설을 설치해 주었다. 하지만 안타깝게도 지속적인 관심과 지원 부족으로 제 기능을 하지 못하고 있다. 그래서 생각해 낸 것이 '적정기술'을 활용한 지원 방안이다.

적정기술이란, 낙후된 지역이나 소외된 계층을 배려해 만든 기술로서 첨단기술에 비해 해당 지역의 환경이나 경제, 사회 여건에 맞도록 개발한 기술을 말한다. 즉, 많은 돈이 들지 않고, 누구나 쉽게 배워서 쓸 수 있는 기술이다. 내가 몸담고 있는 회사에서는 물이 있더라도 정수시설을 갖추지 못해 오염된 물을 마심으로써 병에 감염되는 것을 막기 위해 아주 저렴하고도 간단한 정수키트를 개발해 보급하고 있다.

이런 생각을 해 본다.

'니묄러 목사가 하나님의 말씀대로 히틀러에게 복음을 전했더라면 제2차 세계대전을 막고 수많은 사람들의 생명을 구하지 않았을까?'

'아프리카 사람들이 깨끗한 물을 풍족하게 마시게 된다면 소말리아 해적 출현과 부족 간 유혈충돌은 줄어들지 않을까?'

나는 사회와 지구촌의 구성원으로서 배우고 익힌 기술을 전 세계에 나눠 주는 메신저 역할을 하고 싶다. 세상이 좀 더 나은 모습으로 변할 수 있도록 나름의 노력을 기울이고 싶다. 나는 사람들의 잠재력을 깨우는 메신저가 되기로 결심했다. 우리 사회 문제와 갈등을 해소하는 것도 메신저의 역할이라고 생각한다. 지금 하고 있는 봉사활동은 '시각장애인들을 위한 점자책 만들기'라는 작은 일이다. 하지만 이것이 점점 더 큰 꿈으로 발전해 반드시 세상에 영향을 끼치고 변화에 기여할 것이라고 생각한다.

행복하고
빛나는
오늘 살기

나는 회사원이다. 나의 멘토인 〈한책협〉의 김태광 코치는 회사원에 대해 '사축'이라고 말했다. 나 또한 사축의 한 일원이다. 그렇지만 주어진 틀 안에서 주도적인 삶을 살아가려 애썼다. 세상의 모든 평범함과 가축의 우리처럼 틀에 가둬 놓으려는 생각들에 소심하게 저항했다. 나는 빛나는 하루하루를 살기 위해 틀을 깨는 데 일조하고 싶다. 당장 회사를 그만두고 직장 밖으로 나오라는 이야기가 아니다. 직장생활을 하는 동안 그 안에서 행복을 찾고 보람을 느끼라는 것이다.

신입사원 시절 나의 열정은 하늘을 찌를 듯했다. 1일 3교대 근무보다 업무강도가 높은 2~2.5교대를 수행했다. 쉬는 시간이라도 취수원에 사고가 발생하면 신입 동기 6명이 팬티바람으로 백마강에 나가 보트를 타고 노를 저어 기름을 막는 오일 펜스를 쳤다. 지금 생각해 보면 어떻게 그런 일을 해냈는지 대견하기까지 하다. 안전불감증일 수도 있으나 그만큼 열정으로 똘똘 뭉친 우린 무서울 것이 없었다.

어느 정도 시간이 흐른 뒤, 나는 상수도 기술력이 부족한 지자체에 기술을 지원해 주는 업무를 맡았다. 4명이 한 조가 되어 1~2주 정도 현장 조사를 하는 방식으로 업무를 수행했다. 무더운 여름에도, 추위가 살을 에는 겨울에도 시설을 꼼꼼히 관찰하고 측정하고 실험해 개선방안을 제시했다.

지자체는 재정 상태가 열악한 경우가 많아 상수도 관련 행정이 제대로 운용되지 않는 것이 현실이다. 우리는 그 점을 고려해 최소의 비용으로 최대의 효과를 낼 수 있도록 유도했다. 간단한 운용 방법 변경만으로 엄청난 효과를 낼 수 있었다. 조사 과정에서 힘들었던 일들이 보람과 희열로 돌아오는 기쁨을 맛봤다. 나의 노력으로 시민들에게 깨끗한 물을 공급할 수 있다는 생각에 행복했다.

이제 직장생활을 해 온 날들보다 할 날이 얼마 남지 않은 요즘, 나는 그때의 열정이 식어 가는 것을 느꼈다. 직장생활을 열심히 해 온 사람이라면 누구나 이런 경험을 해 봤을 것이다. 최근 몇 년 동안 사회는 퇴직연금제, 임금피크제 도입으로 직장인들을 압박하고 있다. 올해 들어서는 '성과연봉제'라는 카드를 내세우며 또 한 번 직장인들을 압박하고 있다. 나름대로 열심히 일했는데 이런 취급을 받으니 심리적 압박과 무기력함은 이루 말할 수 없다. 스트레스로 사기는 땅에 떨어지고 정년까지 직장생활을 할 수 없다는 위기감이 생긴다.

나는 이런 현상들에 대해 누구도 탓하고 싶지 않다. 나의 열정이 사라지면서 오는 일들이라 생각한다. 인생에 끌어당김의 법칙을 적용해 보면 이런 상황을 끌어당긴 것은 바로 나다. 그러니 남을 탓할 필요도 없어 오히려 마음이 편안하다.

우리는 100세 시대를 살고 있다. 건강하기만 하면 정년이 없는 평생 직업, 직장은 없을까? 우리는 직장생활을 하면서도 평생 직업을 찾아야 한다. 그러기 위해 나는 꿈을 강조한다. 꿈은 그 자체로 삶을 살아가는 데 꼭 필요한 원동력이 되어 준다.

'김밥 파는 CEO'로 잘 알려진 JFE 김승호 회장은 소중한 꿈을 실현시키는 가장 효과적인 방법으로 꿈을 종이에 적어 볼 것을 권유한다. 그리고 그것을 생생하게 상상할 때 꿈은 빠른 속도로 다가온다고 한다. 김 회장은 100일 동안 하루도 거르지 않고 하루 100번씩 상상하고 쓰고 외치라고 주장한다.

나는 임원화 작가의 〈책꿈디자인〉 수업에 참여해 비전을 명확히 하고 바라는 것을 구체적으로 정해 놓았다. 또한 시각화 자료를 만들어 상상하고, 자기 소명선언문 드림리스트를 만들어 매일 보면서 시각화하고 있다. 나는 휴대전화와 컴퓨터 바탕화면에도 나만의 보물지도를 가지고 다니며 매일매일 본다. 직장생활을 즐겁게 하면서 밝은 미래도 생각할 수 있어서 행복하다. 퇴직하는 날 "네 덕분에 너무 행복했어. 잘 있어. 나는 더욱 잘 지낼게. 고마워."라고 말할 생각만 해도 너무 행복하다. 나는 내 생각대로 살 수 있다. 내 인생의 주인공은 나다. 나는 내 생각대로 미래를 만들 수 있다.

톨스토이의 책 《세 가지 질문》에는 다음과 같은 질문이 나온다.

"첫째, 이 세상에서 가장 중요한 '시간'은 언제인가? 둘째, 이 세상에서 가장 중요한 '사람'은 누구인가? 셋째, 이 세상에서 가장 중요한 '일'은 무엇인가?"

이에 대한 그의 대답은 다음과 같다.

"이 세상에서 가장 중요한 시간은 '현재'이고 가장 중요한 사람은 '지금 내가 대하고 있는 사람'이며 이 세상에서 가장 중요한 일은 '지금 내 곁에 있는 사람에게 선행을 베푸는 일'이다. 인간은 그것을 위해 세상에 온 것이다. 그러므로 당신이 날마다 그때그때 그곳에서 만나는 사람에게 최선을 다해야 한다."

우리 모두에게 하루하루는 소중하고 선물 같은 것이다. 나의 버킷리스트 중 하나는 '빛나는 오늘을 꿈 친구들과 행복하게 사는 것'이다. 같은 꿈을 가지고 서로 응원하고 서로 잘되게 해 주는 꿈 친구들이 주변에 있으면 정말 행복하지 않을까. 행복한 생각으로 하루를 가득 채워도 짧은 인생인데, 불평만 하다가 저세상으로 가면 억울하지 않을까.

내가 아끼는 후배 하나는 매사에 불평불만이 많다. 집안일이든 회사일이든 항상 불만을 쏟아 낸다. 머리도 좋고 일도 잘하는 친구지만 그런 성격 때문에 본인이 한 일을 완벽히 인정받지 못한다.

반면 내가 10년 전 읽었던 책에 나오는 한 여성은 매사에 감사하며 살았다고 한다. 그녀는 직장생활을 할 때도 항상 감사하다고 말했으며, 다니던 회사를 그만둘 때도 자신을 이만큼 키워 주어 감사하다고 말했다. 그녀는 아주 좋은 조건으로 이직하고 행복하게 지냈다고 한다. 이렇게 행복한 생각은 행복을 불러오고 불행한 생각은 불행을 불러온다. 행복한 마음이 커질수록 1분 1초도 아까워하며 시간을 함부로 사용하고 싶지 않을 것이다. 행복은 빛나는 오늘을 살 수 있는 원동력이다.

우리는 종종 어떻게 살 것인지 스스로에게 묻는다. 그리고 자신의 삶을 밝혀 줄 롤모델을 찾는다. 그렇다면 어떻게 죽을 것인지 스스로에게 질문해 본 적이 있는가? 죽음에 대해 외면하고 싶은 것이 일반적인 심리다. 그러나 인간이라면 누구나 죽는다. 어떻게 죽을 것인지 생각하는 것은 어떻게 잘 살 것인지 질문하는 것과 같다. 아름다운 죽음을 맞기 위해서는 아름답게 살아야 한다.

나는 매일 '빛나는 오늘'을 살고 싶다. 그러기 위해 매일 "감사합니다. 고맙습니다. 사랑합니다."라고 외치며 하루를 시작한다. 자, 이제 우물쭈물하지 말고 행동으로 옮기자. 직장인들이여, 좀 더 행복하고 빛나는 하루를 살기 위해 매일 노력하자.

03

5년 안에
1인 기업가로
성공하기

　　매년 연말이면 회사에서 새해의 업무 계획을 수립한다. 나 또한 수많은 개인 목표를 수립하고 실천했다. 하지만 연말에 돌이켜 보면 목표한 것의 10%도 이루지 못했다. 이렇게 몇 년을 반복하다 보니 실패에 익숙해져 한동안 새로운 목표를 세우지 않게 되었다. 그러다 어떤 이유에서인지 올해는 '책 200권 읽기'를 목표로 잡았다. 도서관에서 처음 빌려 읽은 책은 김태광 작가의 《마흔, 당신의 책을 써라》였다. 이 책은 나를 새로운 세상으로 안내했다.

　　나는 바로 김태광 작가의 다른 책들을 구매해 모두 읽었다. 평소 책에서 위안을 많이 받았던 터라 책 쓰기 과정으로의 전환은 나를 혁신시키는 일이라 생각했다. 직장인의 한계를 느끼고 다가오는 정년을 대비해 남은 기간 무엇을 해야 할지 불안감으로 가득한 나날을 보내던 나에게 정년 없이 하고 싶은 일을 하면서 평생 부자로 살겠다는 목표가 생겼다. 그 꿈을 이루는 가장 확실한 방법은 바로 1인 기업가가 되는 것이라고 생각했다.

나는 행복드림 코치로서 '스트레스 제로 행복존'이라는 브랜드를 만들어 1인 기업가로 성장할 것이다. 직장인들에게 여유를 찾아 주고 직장 밖으로 행군할 때 더욱 행복할 수 있도록 돕고 싶다.

직장인에서 1인 기업가로 변신하기 위해서는 무엇을 준비해야 할까? 물론 지금 가지고 있는 것을 버려야 한 단계 도약의 기회가 올 것이라는 확신은 있다. 그러나 20년간 쌓여 온 직장인 마인드가 하루아침에 변하기는 힘들다. 일단 끝에서 생각하기로 했다.

나는 5년 안에 1인 기업가로 변신한 나를 상상했다. 그다음 구체적인 방법을 생각했다. 지금 내가 가지고 있는 기술은 타인을 컨설팅하기에는 미흡한 수준이다. 세부 시행방안으로 나의 경험을 바탕으로 '스트레스받지 않고 일하는 방법'에 대해 책을 쓸 것이다. 기존 직장인을 포함한 20~30대 직장 초년생을 대상으로 좀더 행복한 직장생활을 할 수 있도록 안내하고 싶다. 그리고 공무원, 공공기관 종사자들이 국가의 세금을 축내는 사람이 아닌, 국가 발전의 원동력이며, 우리 사회에서 등불 같은 역할을 수행하는 사람들이란 것을 보여 주도록 선도하고 협력하며 같이 나아가고 싶다.

책이 출간되면 선풍적인 인기를 끌 것이다. 나는 베스트셀러를 넘어 밀리언셀러 작가로 태어난다. 사내 강연을 시작으로 나의 가치를 더욱 높이고, 외부 봉사 강연 등으로 나를 알려 나갈 것이다. 책을 집필해 경제적 자유를 얻은 나는 25년 동안 정들었던 회사를 퇴사한다. "회사야, 그동안 너무 고마웠다. 내가 이렇게 성장할 수 있도록 성원해 주어 고맙다."라는 말을 남기고 본사 정문을 나선다.

최근 회사를 퇴직한 뒤 민간 기업에 입사한 선배들을 만났다. 한결같이 직장생활을 할 때 좀 더 준비하고 퇴사했으면 좋았겠다고 말한다. 그들은 대부분 회사에서 열정을 꽃피우고 퇴사했다. 나 또한 신입사원 시절부터 지금까지 열정 하나만으로 이 길을 걸어왔다.

반면 지금 시대에는 꿈과 희망이 없는 사회 초년생들이 너무도 많다. 어른들은 요즘 젊은이들이 자기중심적이고 멋대로이기 때문에 자신만의 뚜렷한 무언가가 있을 것으로 생각한다. 그러나 젊은 층을 경험한 결과 전혀 그렇지 않다. 명문대를 나와 유학을 다녀오고 온갖 스펙으로 무장해도 혼자서는 아무것도 하지 못한다. 그래서 그들이 꿈과 희망을 갖도록 도와주고 싶다. 그렇다면 직장생활에서 후반기를 맞은 경력자들은 어떨까? 똑같다. 매일 반복되는 일상에 자신을 맡긴 지 오래다. 생각대로 사는 것이 아니라 사는 대로 생각하고 있다. 직장 동료들과 소주 한잔하며 인생을 노래하고 국제 정세를 논하는 것이 전부다. 나도 다를 바 없었다. 그러나 책을 접하면서 나의 삶이 변하고 의식의 전환, 관점의 전환을 맞이했다. 나는 이러한 경험을 살려 사람들을 돕고 싶다. 나의 선한 영향력을 전파해 이웃을 이롭게 하고 경제적 자유까지 얻을 수 있다면 그보다 더 좋은 것은 없을 것이다.

미국의 자기계발 작가 오리슨 S. 마든은 저서 《부의 비밀》에서 "이 세상에서 뭔가 이루고자 노력하는 사람들에게 도움의 손길을 주고 그들에게 영감을 주겠다."라는 마음으로 책을 집필했다고 밝혔다. 나도 내가 되고 싶고, 하고 싶고, 갖고 싶은 것을 위해 부자가 되기로 결심했다. 내가 충분히 풍족해야 타인을 도와 더 이롭게 하고 더불어 살 수 있는 기회가 많아질 것이라고 생각한다.

평균 수명의 연장은 우리 사회에 많은 변화를 몰고 왔다. 어느 정도 자기관리만 잘하면 90세 정도까지는 대부분 건강하게 살 것이다. 사회보장제도를 이용한다면 최저 생계 정도는 영위할 수 있을 것이다. 그러나 앞으로의 세상에서는 평생 즐겁게 일하며 경제적으로도 자유로워야 한다. 이것이 100세 시대를 살아야 하는 우리의 미션이다.

나는 불안한 앞날에 뭐라도 해야겠다는 생각으로 자격증을 취득했다. 그러나 앞날이 불안하다는 생각 자체가 어두컴컴한 나날을 지속시킨다는 사실을 몰랐다. 잠재의식은 그 사람이 품은 생각을 그대로 현실에 실현시킨다. '장래가 불안해', '전망이 어두워'라고 생각하면 그 생각이 잠재의식에 전달되어 현실화된다.

이노우에 히로유키는 저서 《배움을 돈으로 바꾸는 기술》에서 "우주의 법칙에 맞는 공부법, 사고법을 알고 있으면 바라는 바 그대로의 결과를 손에 넣을 수 있다."라고 했다. 또한 "우주의 법칙과 잠재의식을 모른 채 무턱대고 공부하는 것은 진실로 위험한 일이다."라고 했다.

사람은 누구나 무한한 가능성을 가지고 있다. 잠재의식은 그 가능성을 열어 주는 열쇠다. 나는 책 쓰기로 나의 잠재의식을 일깨우고 바라던 일을 하나씩 실현시켜 생각하는 대로, 원하는 대로 살아갈 것이다. 책 쓰기가 일단 궤도에 오르면 다작으로 유명한 김태광 작가처럼 해 나갈 것이다. 그리하여 연봉 10억 원, 아니 100억 원이라는 목표에 도달할 것이다.

말은 소리가 되어 입으로 나오는 순간 힘을 가진다고 한다. 소리가 언어를 통해 형태와 의미를 규정해서 누군가에게 전달되는 순간 그 말은 힘을 갖게 된다. JFE 김승호 회장은 다음과 같이 말했다.

"나는 말의 힘을 믿는 사람이다. 한 번 말을 하고 나면 잊기 전까지 그 힘이 사라지지 않음을 믿는다. 그 말에 힘을 부여하고 계속해서 그 힘이 사라지지 않게 하기 위해 종이에 써서 액자로 만들어 걸어 놓고 알맞은 이미지를 만들어 포스터로 제작해 걸어 놓는다. 내 개인적인 새로운 목표나 회사의 새로운 목표를 이루기 위해 첫 번째로 하는 것이 바로 그런 일이다. 나는 매번 그런 방식으로 이 모든 것을 얻었다."

나도 그처럼 목표를 종이에 적었다. 나는 5년 안에 1인 기업가로 출발해 10년 안에 전 직원에게 BMW를 선물할 수 있는 기업가로 성장할 것이다. 그리고 이웃들과 그 열매를 나누며 행복하게 살 것이다.

04

직장인들에게 비전을 전해 주는 메신저 되기

지금은 100세 시대다. '건강하기만 하면 정년이 없는 평생직업, 평생직장은 없을까?'라는 생각은 직장인들이 제일 많이 하는 생각이 아닐까 싶다. 직장생활을 하면 할수록 삶은 점점 팍팍해지기만 한다. 물론 최악의 취업난 시대에 직장에 다니고 있다는 것만으로 엄청난 기쁨일 것이다. 그러나 취업이 인생의 종착역은 아니다. 취업 이후의 삶에 더욱 가치를 두어야 한다.

나는 신입사원을 대상으로 강의를 한 적이 있다. 강의 중 신입사원들에게 꿈이 뭐냐고 질문했다. 그러나 이 질문에 대답하는 사람은 없었다. 물론 수줍고, 명확하지 않은 꿈뿐이어서 답변을 하지 않은 사람도 있을 수 있다. 그러나 많은 신입사원들이 꿈도 없이 하루를 그저 살아 내는 데만 급급하고 있다는 사실에 놀라지 않을 수 없었다.

직장 초년생 시절, 동기들과 "30년 정도 지나면 우리도 사장, 본부장은 하겠지?"라는 대화를 나눈 적이 있다. 그러나 각 부서에 배치받고 하루하루 새로운 직무와 새로운 사람과 관계를 정립하며 시간만 보냈다. 매일 아침 출근하지만 퇴근 시간은 정해져 있지 않아 밤 10시, 12시, 심지어 날짜를 넘겨 다음 날 새벽에 퇴근하는 일이 많았다. 꿈이 있다가도 달아날 정도의 일상이었다. 직장에서의 과도한 업무와 스트레스가 우리의 꿈을 앗아 간 것이다.

우리 팀의 신입사원과 꿈에 대해 이야기한 적이 있다. 그는 구체적인 꿈이 없었다. 나 또한 신입사원 시절에는 별반 다르지 않았을 것이다. 사회 초년생 시절 꿈을 가지고 생활하는 것과 그렇지 않은 것은 엄청나게 다른 결과를 가져온다. 나도 이것을 직장생활 20년이 넘어서야 깨달았다.

한 후배가 있다. 일도 열심히 잘하고 인성도 바르며 건장한 체구를 가졌다. 그러나 그와 이야기하다 보면 힘이 빠지는 느낌이 들었다. 그의 말투에는 자신감이 없었다. 그리고 심하진 않았지만 약간의 투덜거림이 느껴졌다. 나는 그가 잘되기를 바라면서 계속 연락을 주고받았다. 그는 인사철만 되면 항상 나에게 연락을 했다. 거의 매년 부서를 바꾸며 나에게 조언을 구했다. 부서를 자주 바꾸는 것은 경력에 좋지 않다며 말렸지만 말을 듣지 않았다. 그의 문제점을 찾아본다면 장기적인 꿈이 없다는 것이다. 하루하루 그저 살아가기에만 급급하다. 이런 사례는 주위에서 어렵지 않게 찾아 볼 수 있다.

나는 꿈이 있었다. 하지만 명확하지는 않았다. 그러한 경험을 바탕으로 나처럼 막연한 꿈을 품고 있거나 꿈이 없는 후배들에게 희망과 비전을 심어 주는 멘토, 메신저가 되고 싶다. 아직도 다람쥐 쳇바퀴 돌듯 출근하고 일하다가 퇴근 후 술자리에서 상사와 동료, 세상을 안주 삼아 탄식을 늘어놓고 있는 직장인들이 많을 것이다. 나는 이들에게 희망이라는 영양제를 투여해 승리하는 직장인, 행복한 직장인이 되게 하고 싶다.

나는 IMF 이전에 회사에 들어갔다. 이 시기에는 각 기업에서 채용 규모를 줄였다. 선배들까지만 해도 원하는 기업에는 웬만하면 입사할 수 있었다. 그러나 우리가 취업할 때는 상황이 나빠졌다. 나는 운 좋게 군 전역과 동시에 입사하는 행운을 가졌다. 그리고 기술직으로 20년 넘게 생활하고 있지만 은퇴 후 창업을 할 정도의 기술력이나 아이템은 없다. 그런 것들을 발굴하기 위해 노력하고 있지만 현재로서는 특별한 것이 없다.

요즘 1인 창업으로 성공한 사람들의 이야기를 많이 접하게 된다. 물론 실패한 사례도 많다. 그러나 실패를 딛고 일어나 다시 성공한 사람들도 많이 볼 수 있다. 젊은 시절부터 실패와 좌절을 맛보며 조금씩 성공하는 사람들을 보면 정말 부럽다. 나도 젊은 시절부터 무언가를 갈구하며 직장생활을 했었으면 좋았겠다며 후회한다. 그렇다고 내가 열심히 생활하지 않은 것은 아니다. 직장 내에서 열정을 갖고 나를 불태운다는 심정으로 일한 경험도 많다. 그러나 지금 와서 돌이켜 보면 아쉬움이 많이 남는 이유는 무엇일까.

직장생활을 오래 했거나 은퇴가 다가오는 사람들에게 이제라도 꿈을 갖고 살아가도록 안내하고 싶다. 선택은 본인의 몫이다. 그러나 이런 생각조차 하지 못하고, 생각은 하지만 자신과는 상관없는 삶이라고 포기해 버리는 사람들에게 멘토, 메신저가 되고 싶다. 젊은이들에게는 생동감 넘치는 하루를 선사하고, 은퇴를 앞둔 사람들에게는 제2, 제3의 도약의 기회를 주고 싶다.

임금피크제가 시행되면서 많은 직장인들이 그동안의 보직과 관련 없는 일을 하고 있다. 전문 기술이 있는 사람은 그 분야에서 컨설팅 업무를 할 수도 있다. 그러나 후배 아래에서 일하게 된 사람들은 대부분 퇴사를 택한다. 구체적인 계획 없이 퇴사한 뒤 연금이나 퇴직금 등으로 생활하거나 식당 등을 개업해 손해를 보는 사람들이 많다.

나는 그런 삶을 거부한다. 공익을 위해 근무하지만 나 자신을 위해, 세상을 위해 살아가고 싶다. 우리는 이 세상에 온 목적이 있다. 나는 부와 재능을 축적해 필요한 사람에게 나눠 주는 멋진 삶을 살 것이다.

만약 일주일 후에 죽는다는 것을 알게 된다면 남은 날들을 어떻게 보낼 것인가? 아마도 그 누구보다 치열하고 다이내믹하게 살 것이다. 남은 시간을 어떻게 하면 잘 쓸 수 있을지 치밀하게 계획을 세울 것이다. 그런 다음 주변의 시선은 아랑곳하지 않고 계획대로 시간을 보낼 것이다. 하고 싶은 것을 하고, 갖고 싶은 것을 가질 것이다. 남은 생을 이런 마음가짐으로 살아간다면 어떤 변화가 일어날까? 상상만 해도 재미있다.

〈김제동의 톡투유〉라는 방송 프로그램이 있다. 이 프로그램에서는 여러 계층의 사람들이 나와 다양한 이야기를 나눈다. 나도 직장인들의 이야기를 들어 주는 토크쇼를 진행하고 싶다. 그래서 그들의 마음속 응어리를 풀어 주고 싶다.

직장 간부들에게도 말 못할 사정이 있다. 회사에 하고 싶은 말을 술로 달래며 푸념하는 이들이 많다. 신입사원들은 또래와 어울리며 서로에게 해결책을 제시하지만 잘못된 방향으로 가기 일쑤다. 자신이 제일 힘든 줄 알고 꿩 같은 시야로 세상을 바라본다. 나는 이들의 고민을 들어 주고, 같이 울어 주고, 공감할 수 있는 공간을 만들어 많은 직장인들이 행복한 삶을 살도록 유도하고 싶다. 또한 은퇴를 준비하는 프로그램을 만들어 편안한 노후를 누리도록 지원하고 싶다.

나는 직장인들이야말로 무한한 잠재력을 가졌다고 역설하고 싶다. 나는 작가, 강연가, 메신저로 거듭나겠다고 세상에 공포한다. 직장인들이 되고 싶고, 하고 싶고, 갖고 싶은 인생을 살면서 포기하지 않는 힘을 키우도록 돕고 싶다. 이 힘을 전파하는 긍정의 메신저로 살고 싶다. 원하는 것을 얻을 때까지 힘을 집중하는 방법을 공유해 세계 그리고 우주에서 제일가는 메신저로 살고 싶다.

삼층집 지어
부모님
모시고 **살기**

　　무더위가 기승을 부리던 한여름, 시골에 계신 부모님이 걱정되어 전화를 드렸다. 아니나 다를까, 오전부터 텃밭에서 일하고 계신 것 같았다. 말씀은 아니라고 하지만 전화기 너머 들려오는 소리로 직감했다. 텃밭뿐만 아니라 밭농사, 논농사도 따로 있고, 분명 자식들과 손주들을 위해 고추, 고구마 농사 등도 짓고 계실 것이다. 연일 무더위가 계속되었던지라 무리하시지 말라고 말씀드려 봤지만 오히려 내 건강을 더 걱정하신다. 그저 자식밖에 모르는 전형적인 부모님의 모습이다.

　　나를 비롯해 요즘 세대의 부모들은 예전의 부모들과는 다르다.

자녀들이 있어도 부부만의 시간을 보내고 친구들을 만나며 인생을 즐겁게 살아간다. 우리 부모님들은 당신들의 부모님을 모시느라 고생만 하다가 자식들로부터는 외면당하는 삶을 살아가는 것이 현실이다.

아이들이 한창 커 가면서 시골에 계신 부모님을 자주 찾아 뵙지 못하고 있다. 바쁘다는 핑계로 전화도 잘 못 드린다. 나도 자식을 키우며 내리사랑이라는 말을 실감하지만 그래도 부모님을 동경하는 마음은 어쩔 수 없다. 나는 어머니의 사랑을 주제로 한 드라마나 영화를 볼 때면 눈물을 흘리곤 한다. 부모님의 사랑만 받고 평소 해 드린 것이 없는 미안함의 작은 표현일 것이다.

아버지는 월남전이 한창일 때 군에 입대하셨다. 장손인 아버지가 혹시라도 월남에 파병될까 봐 집에서는 군 입대 전에 서둘러 아버지의 혼사를 치렀다. 아버지가 군에 입대하신 뒤에 내가 태어났다. 어머니는 농사일이 많아 아버지의 면회도 제대로 다녀오시지 못했다. 어머니는 장손이신 아버지와 결혼해 맏며느리 노릇을 하며 우리 3남매까지 키우느라 고생이 많으셨다. 뿐만 아니라 삼촌과 고모들까지도 돌봐야 했다. 시어머니의 시집살이도 만만치 않았다.

나는 어릴 때 어머니가 하루라도 쉬거나 낮잠을 주무시는 모습을 본 적이 없다. 이른 새벽부터 밤까지 논밭에서 일을 하시거나 부엌에서 밥을 하시던 모습만 기억에 남아 있다. 어머니의 손마디는 굵어지고 발바닥과 발등은 갈라졌다.

어머니는 동네에서 제일가는 미모의 소유자셨다. 초등학교 때 학부모 참관 수업이 있는 날이면 제일 젊고 예쁜 어머니의 모습에 괜스레 우쭐해지곤 했다. 지금은 체중이 많이 늘어난 데다 일을 너무 많이 하셔서 얼굴은 타고 손발은 터서 예전의 미모를 찾아보기 힘들어졌다. 좀 쉬시라고 하면 별로 하는 일도 없다고는 하시지만 지금도 펜션 관리에 농사일에 엄청난 노동 강도를 자랑하신다. 예전에 하시던 일에 비하면 아무것도 아니지만 무릎이며 손목이며 안 아픈 곳이 없으시다.

몇 해 전에는 양쪽 무릎을 수술하셨다. 젊은 시절 땅이 많은 집안으로 시집오신 덕이다. 요즘은 농기계를 써서 일하지만 옛날에는 전부 사람이 직접 해야 했다. 거기에다 힘들다는 과수원 농사까지 하셨다. 과수원 일은 전지작업, 봉지 씌우기, 농약 주기, 과일 수확하기 등 엄청난 노동 강도를 요구한다. 또한 지역에서 하나뿐인 정미소까지 운영하셨다. 그래서 당시에는 부농이라는 소리를 들었다. 그러나 나에게는 어머니의 노동을 강요하는 말로 들려 별로 듣기 좋지 않았다.

어머니는 멀미를 많이 하신다. 그래서 집을 떠난 적이 거의 없다. 소형차를 타면 더욱 증세가 심해진다. 그래서 나에게 항상 큰 차를 타라고 하신다. 작은 차를 타려고 하면 "돈이 없니? 엄마가 보태 줄까?"라고 하신다. 그래서 난 첫 차만 빼고 SUV 승용차를 타고 다녔다. 사실 SUV 승용차는 무게중심이 낮은 일반 승용차보다 쏠림 현상 등이 많아 멀미를 더 유발한다. 그래서인지 내가 운전을 꽤 하는 편임에도 불구하고 어머니는 내 차도 잘 타지 않으신다.

아버지는 몸이 좋지 않으셔서 농사일은 못 하신다. 그래서 젊은 시절부터 택시 운전을 하셨다. 내 어릴 적 기억에 아버지는 손재주가 많으셨다. 아버지는 새마을운동 사업의 일환으로 분뇨를 저장하고 거기에서 가스를 얻어 냈다. 화력은 약했지만 그것으로 가스 불까지 점화시키는 것을 보았다. 어릴 적 내 눈에는 아버지가 발명가 못지않게 보였다.

아버지는 열정으로 똘똘 뭉치신 분이다. 대전 MBC 다큐멘터리 프로그램에 소개되실 만큼 지역사회에서 많은 일을 하고 계신다. 살고 계신 섬 마을에 관광객이 방문하면 택시 영업은 뒤로 밀어 두고 관광버스에 올라타 직접 섬을 홍보하기도 한다. 1년에 한 번 있는, 향교에 제를 올리는 날에는 대표로 제문을 읽으신다. 그리고 한여름 뜨거운 도로 위에서 교통정리도 하신다. 하루도 빠짐없이 매일 새벽 4시에 일어나 논밭을 둘러보신다. 그야말로 온종일 일만 하신다. 이제는 좀 쉬셔도 되는데 잠시라도 가만 앉아 있질 못하신다. 그 유전자가 나에게 그대로 전해진 것 같다. 내가 아침에 일찍 일어나는 새벽형 인간이 된 것은 아버지 덕인 것 같다.

　　몇 년 전 막냇동생이 유행성 출혈열이란 병에 걸려 조카 셋을 남겨 두고 저세상으로 먼저 떠났다. 조카들을 생각하면 동생에게 많이 미안하고 마음 한구석이 허전하다. 아버지는 상심이 크셨는지 머리카락이 하얗게 변했다. 어머니는 자식 잃은 서러움에 부정적인 말과 걱정스런 말씀이 부쩍 많아지셨다. 자식을 먼저 보내는 것이 어떤 마음일지 나는 모른다. 그 어떤 고통보다 크리라 짐작할 뿐이다.

　　나는 부모님을 시골에서 모시고 나와 농지가 없는 곳에 전원주택을 지어 같이 살고 싶다. 막냇동생이 떠난 빈자리를 메워 주기 위해 동생 식구들과도 같이 살고 싶다. 부모님도 손주들 보는 재미로 행복한 생활을 하실 수 있을 것이다.
　　집은 계단이 없는 삼층집으로 지을 것이다. 어머니는 수술 후에도 계속 무릎이 안 좋으시다. 지속적인 재활치료를 위해 앞마당에 수영장을 조성해 사계절 운동하실 수 있도록 꾸밀 것이다. 소일거리를 만들어 드리기 위해 딱 2평의 텃밭을 조성할 것이다. 땅이 더 넓으면 일을 찾아 하실 것이 분명하기 때문이다. 부모님 두 분 모두 혈압이 좀 높으셔서 약을 복용하고 계신다. 그렇지만 워낙 부지런하고 가만히 앉아 있지 못하시는 성격이라 건강에는 문제가 없을 것이다.

그리고 승차감이 좋은 중형차를 사서 부모님과 여행을 할 것이다. 적합한 모델로 벤츠 S500을 미리 봐 두었다. 5년 안에 부모님과 함께 드라이브를 즐길 것이다. 전국의 맛집과 명소를 찾아 그동안 못 하셨던 것들을 누리게 해 드리고 싶다.

내가 일에서 자유를 얻어야 부모님과 함께 여행을 할 수 있을 것이라 생각한다. 그 시기를 좀 더 앞당기기 위해서는 내가 경제적 자유를 얻는 시기를 앞당겨야 한다. 끊임없이 상상하고 실행하면 앞당겨질 것이라 믿는다.

버

킷

리

스

트

9

| Chapter 2 |

스치는 것만으로 긍정적인
기운을 전달하는 메신저

이명호

이명호

크로스핏 코치, 동기부여가, 마인드 코치, 군대 전역 컨설턴트, 작가

군대에서 누구보다 치열하게 꿈을 키우고, 운동을 하며 자기계발을 했다. '주 3시간 운동법'을 기획해 운동하는 라이프스타일을 전수하고 있다. 또한 꿈이 없는 청년들을 위한 마인드 코칭 및 컨설팅을 진행하며 전역을 준비하는 사람들을 위한 진로컨설팅을 기획 중이다. 현재 군대생활 자기계발 비법에 대한 개인저서를 준비 중이다.

| E-mail noble_raven@naver.com
| Blog http://blog.naver.com/noble_raven

긍정적인 기운을 주는 메신저 되기

나는 종교를 떠나 예수와 석가모니가 정말 위대한 선각자라고 생각한다. 이 두 성인(聖人)은 2,000년이 넘게 사람들 입에 오르내리며 깨달음과 말씀을 전하고 있다. 얼마나 위대하기에 아직도 사람들 입에 오르내릴까? 실제로 그 둘을 만나게 된다면 어떨까? 스치는 것만으로도 그 에너지를 부여받을 것만 같다.

나도 언젠가 이런 성인의 반열에 오르고 싶다는 꿈을 꾼다. 나에게는 '인간의 가능성은 무한하며 누구나 엄청난 사람이 될 수 있는 잠재력의 씨앗을 품고 있다'라는 신념이 있기 때문이다. 사람들이 나를 스치기만 해도 잠재력을 발휘하게 되는 사람이 되고 싶다. 나는 앞으로 사람들이 더 나은 인생을 살 수 있도록 도와주는 1인 창업가, 동기부여가이자 메신저로 살아가고 싶다.

　나는 군대에서 정신교육을 하는 '정훈장교'다. 병사들을 상대로 강의하는 경우가 많다. 동기부여가가 꿈인 만큼 나는 지금도 병사들을 만나면 부정적인 기운을 몰아내고 오로지 꿈에 미치는 청춘이 되라고 등을 두드려 주고 있다. 왜냐하면 병사들 대부분이 억지로 군대에 와서 그런지 오로지 휴가와 전역만 기다리며 청춘을 소비하고 있는 것처럼 보였기 때문이다. 나는 그들에게 뭐든지 할 수 있다는 자신감을 불어넣어 준다.

　많은 청춘들이 자신의 잠재력을 모른 채 세상이 정해 준 모습대로 살아가고 있다. 요즘 사회에는 안정적인 직업을 원하는 사람이 많아 9급 공무원의 경쟁률이 약 400:1이라고 한다. 공무원을 무시하는 것은 아니지만 단지 안정적이라는 이유만으로 도전하는 것은 잘못되었다고 생각한다. 이 시대의 희망이자 가능성인 청춘의 대부분이 꿈이 아닌 안전을 추구한다면 우리나라의 미래는 불 보듯 뻔하다.

　나는 그들이 스스로가 얼마나 대단한 존재인지 알았으면 좋겠다. 그래서 단지 할 수 있는 것을 고민하는 것이 아니라 정말 하고 싶은 것을 하고 살았으면 한다. 아직 혈기 왕성하고 한참 배워 나가야 할 20대가 벌써부터 자신이 할 수 있는 것만을 생각하며 근

시안적으로 살아서는 안 되기 때문이다. 나는 내 주변에 있는 사람들이 모두 잘되어야 한다는 일념을 갖고 있다. 왜냐하면 나는 내가 예수나 석가모니 같은 사람이라고 생각하기 때문이다. 그래서 내 주변 사람들은 긍정적인 방향으로 변해야 한다. 가족이나 가까운 지인들은 나를 피곤하게 생각하기도 한다. 내가 그들에게 끊임없이 변화를 기대하고 요구하기 때문이다.

지금까지 병사들 중 나와 1:1로 이야기해서 내 말에 설득되지 않은 사람은 보지 못했다. 누구라도 나와 대화하면 일시적으로나마 눈이 빛난다. 왜냐하면 나는 사람의 가능성을 깨우는 이야기를 하기 때문이다. 누구나 성공하고 싶어 한다. 그런데 성공하겠다고 결심하지 않는 이유는 본인의 가능성을 믿지 않기 때문이다. 나는 대화를 하면서 그 가능성을 일깨워 준다. 그런데 재미있는 점은 그렇게 하면서 나 스스로가 더 큰 영향을 받는다는 것이다. 빛으로 상대방을 밝게 만들어 주면 상대방은 그 빛을 반사해 나를 더 환하게 만들어 준다. 이렇게 다른 사람에게 좋은 영향을 주다 보니 메신저가 얼마나 좋은 직업인지 알게 되었다.

세상에는 아무리 좋은 말을 해도 귀를 닫고 사는 사람들이 있다. 불교에서는 이것을 '업장'이라고 한다. 전생에 죄를 많이 지어 내면에 있는 무한한 가능성을 평생 깨닫지 못한 채 살아간다는 것이다. 칭기즈칸은 "나는 내 이름도 쓸 줄 몰랐으나, 남의 말에 귀 기울이며 현명해지는 법을 배웠다."라는 명언을 남겼다. 이는 배움에 대한 열린 마음이 얼마나 중요한지를 나타내는 말이다.

그런데 세상에는 자신이 아는 것이 전부인 것처럼 생각하는 사람이 많다. 나는 그것을 막노동 공사장에서 확실하게 느꼈다. 그곳에서 일하는 사람들은 고집이 엄청 세고 목소리가 크다. 누구와 대화하더라도 본인이 할 말만 하고 끝낸다. 왜냐하면 그곳에선 목소리가 큰 사람이 이기기 때문이다. 언젠가 그들과 깊이 있는 대화를 나눌 기회가 있었는데 깜짝 놀랄 수밖에 없었다. 그들은 자신의 인생만이 옳다고 여기고 있었다.

"사무실에서 일하는 화이트칼라들은 정직한 사람들이 아니야. 우리 같이 땀 흘린 만큼 버는 사람이 진짜 제대로 돈을 버는 사람들이지."

이 말을 듣고 나는 사람의 생각을 가로막고 있는 관념이 얼마나 무서운지 알게 되었다. 그들에게는 그들이 보는 세상이 전부이며 정답이기 때문에 다른 사람의 관점이나 의견이 들어올 틈이 없다. 공사장 인부뿐만 아니라 지식인이라고 할 수 있는 대학 교수들 중에도 아집이 강한 사람이 있다. 심지어 마음을 수행하기 위해 도를 닦고 있는 스님조차도 자신이 정한 가치에 갇혀 있는 것을 종종 보았다.

나는 이런 사람들은 이미 두꺼운 벽을 쌓고 있어 논리적으로 설득할 수 없다고 판단했다. 그래서 나의 밝은 에너지와 믿음으로 그 업장조차 녹여 버리고 내면에 있는 가능성의 눈을 뜨게 만들어 주겠다고 결심했다. 물론 이미 배우고자 하는 사람들만 가르치기에도 시간이 부족하다. 하지만 나는 아집이 강한 사람들을 구제하는 것이 일종의 '구원'이라고 생각한다. 나 스스로를 메시아(messiah)라고 생각하기 때문이다.

불교에서는 사람이 태어나는 이유를 '본질을 깨닫기 위해서'라고 본다. 그렇기 때문에 살아생전에 아집을 버리고 본질을 깨우쳐야 한다고 본다. 나는 그것을 돕는 사람이 될 것이다.

"도둑을 고치는 가장 좋은 방법은 그 사람이 행한 행위에 대해 벌을 주는 것이 아니라 정말 진실로 좋은 사람이라고 믿어 주는 것이다."라는 말이 있다. 아무리 도둑이라고 할지라도 온전히 자신을 믿어 주는 사람의 것은 훔치지 않는다는 뜻이다. 나는 이 말을 듣고 사람들이 남의 물건을 훔친 경험이 있는 사람을 믿지 못하는 이유를 생각해 보았다. 아마 도둑질을 당할까 봐 두려워서일 것이다. 두려움이라는 감정 때문에 사람을 온전하게 믿을 용기가 생기지 않는 것이다.

나는 병사들에게 양같이 살지 말고 사자같이 살라고 말한다. 양은 초식동물이기에 끊임없이 의심하고 예민하게 주위를 살핀다. 그러나 사자는 예민하게 눈치를 살피지 않고 두려워하지 않는다.

나는 사자처럼 살 것이다. 사람의 본모습을 믿을 수 있는 용기를 가진 큰사람 말이다.

앞으로 더 내 잠재력과 그릇을 확장시켜서 스치는 것만으로 긍정적인 기운을 전달하는 메신저가 되고 싶다. 사람들이 내 눈빛만 봐도 잠재력을 찾고 긍정적으로 변화한다면 얼마나 설렐까? 아무리 부정적인 사람이라도 나의 밝은 모습을 보면 동화될 것이다. 그렇게 하기 위해선 나 스스로가 먼저 구심점이 되어 마치 태양처럼 활활 타올라야 한다. 지구가 아무리 용을 써도 태양 빛을 피할 수 없는 것처럼 무궁무진한 빛을 뿜어내어 사람들이 내 빛을 받아들일 수밖에 없도록 만들 것이다.

슈퍼카를 몰고 다니는 젊은 부자 되기

나는 '금수저'가 부럽다. 젊은 나이에 슈퍼카인 람보르기니, 페라리를 끌고 다니는 것을 보면 정말 부럽다. 실제로 잊을 수 없는 장면이 있다. 나와 나이 차도 얼마 나 보이지 않는 남자가 슈퍼카를 끌고 나타났다. 그는 능숙하게 주차를 한 뒤 고가의 외제차인 벤츠, 페라리, 포르쉐 등의 열쇠를 딸랑거리며 내 옆에 앉았다. 그 여유와 거만함이 내 가슴을 뛰게 했다. 가진 자만이 누리는 권위와 자신감이었다. 하지만 나는 기죽지 않았다. 대신 주먹을 꽉 쥐었다. 얼마 지나지 않아 나도 그러한 것들을 가지리라 믿어 의심치 않기 때문이다.

금수저들은 대체로 남의 눈치를 보지 않는 당당함을 가지고 있다. 누군가는 부러우면 지는 것이라고 이야기한다. 그리고 저렇게 흥청망청 살다가는 금방 망할 것이라고 이야기하기도 한다. 부러운 대상을 어떻게든 깎아내려 자신을 보호하려는 것이다.

나는 부러우면 부럽다고 당당하게 말한다. 그리고 나도 부자가 될 수 있다고 생각한다. 왜 나라고 안 되겠는가? 나는 왕후장상이 따로 있다고 생각하지 않는다. 나는 부를 누릴 수 있는 사람이다. 사람들이 흔히 '금수저', '흙수저'를 구분하는 이유는 환경 탓으로 돌리면 마음이 편해지기 때문이다. 나는 그런 식으로 자신을 위안하는 삶을 거부한다. 환경이 열악해서 부자로 살 수 없는 것이 아니라, 그럼에도 불구하고 부자로 살 수 있다고 생각한다. 나는 스스로가 그럴 수 있는 사람이라고 생각한다. 또한 무에서 유를 창조한다면 그 자부심이 얼마나 클지도 생각한다.

나는 원하는 것은 무엇이든지 누리며 살고 싶다. 어설프게 "나는 이 정도만 누려도 행복해.", "행복이 중요한 것이지 물질이 중요한 것이 아니야."라고 말하고 싶지 않다. 그렇게 말하는 사람들은 실제로 부를 누려 본 적이 없기 때문이다. 물론 환경도 중요하다고 생각한다. 환경이란 '어떤 물건들을 주변에 두는가'로 판가름 난다.

슈퍼카인 람보르기니를 타고 다니면 그만큼의 의식과 자신감이 생긴다. 사람들이 슈퍼카를 타는 이유는 특권의식을 느끼기 위해서라고 한다. 슈퍼카의 기준은 멀리서 육안으로 보았을 때도 남다른 차임이 느껴져야 한다. 그것을 타고 다니며 부러움을 한 몸에 받는 삶을 사는 것이다. 부자들은 이런 것들을 곁에 두기 때문에 더욱 부자가 된다. 나 또한 아무나 사용하지 못하는 것을 누리는 삶, 귀족 같은 삶을 살고 싶다.

　슈퍼카를 너무 가지고 싶은 나머지 직접 경험해 보기 위해 청담동의 슈퍼카 매장에 갔다. 람보르기니, 페라리, 롤스로이스, 벤틀리 등을 차례로 둘러보았다. 슈퍼카 매장은 대체로 한산한 편이다. 왜냐하면 감히 그곳에 가는 사람이 없기 때문이다. 그곳 직원들은 사람의 부를 캐치하는 눈이 빠른 편이다. 그곳에 들어가자마자 그들은 내가 어느 정도 위치의 사람인지 파악했다. 하지만 나는 스스로가 그것을 탈 사람이라는 것을 믿어 의심치 않았기 때문에 당당하게 행동했다. 그곳에서 사진도 찍고 차를 만져 보며 이 차를 계약할 날의 기쁨을 가슴 깊숙이 새겨 넣었다. 람보르기니를 타고 액셀을 밟았을 때의 그 강력한 힘과 황소울음 같은 굉음을 생각만 해도 저절로 미소 지어진다.
　나는 어디를 가도 슈퍼카를 쉽게 찾는 편이다. 왜냐하면 내 관심이 오로지 슈퍼카에 쏠려 있기 때문이다. 다른 사람은 전혀 보지 못할 때도 나는 슈퍼카를 쉽사리 발견한다. 슈퍼카를 생각만 해도 심장이 뛰고 설렌다. 마치 어린아이가 최신 장난감을 가지고 놀 때와 같다.

내가 생각하는 람보르기니는 《삼국지》의 적토마다. 적토마는
아무나 감당할 수 없다. 평범한 사람이 함부로 올라타려 했다가
는 떨어져서 죽고 만다. 속도와 저항(비용)을 감당할 수 있는 자만
이 그것을 누리고 탈 수 있다.

람보르기니는 나를 보통 사람과 다른 삶을 살게 해 줄 것이다.
평범하고 지지부진하며 느리게 가는 삶이 아니라 화려하고 빠르
게 나아가는 삶 말이다. 그리고 세상 사람들의 편견이나 관습 등
을 뛰어넘는 사고를 하게 해 줄 것이다. 평범한 사람들이 실패할
까 봐 두려워 주저하고 망설일 때 나는 거침없이 전진한다. 두려
움은 나를 행동하게 하는 기준이 아니다. 나는 과감하게 지르는
삶을 살 것이다. 주저함 따윈 없을뿐더러 거침이 없는 삶을 살 것
이다.

"망설이면 죽는다."

이 정도의 각오로 살아가는 라이프스타일이 담긴 차가 바로
람보르기니다. 나는 람보르기니를 몰고 다니며 세상의 부를 끌어
당길 것이다. 부의 기운은 또 다른 부를 부른다. 영화 〈엑스맨〉을
보면 철을 조종하는 초능력자 '매그니토'가 나온다. 그가 철을 끌
어당기는 것처럼 나는 부의 기운을 끌어당길 것이다. 세상의 부가

내게 끌려온다. 나는 그것을 능히 쓸어 담을 그릇으로 커 가고 있다. 다가오는 부를 나는 아주 기쁘고 소중하게 대할 준비가 되어 있다.

나는 조금이라도 젊을 때 즐기고 싶다. 그 속도감과 부리움을 젊을 때 누려야지 다 늙어서 누리면 재미없기 때문이다. 물론 나이가 들어서도 여전히 왕성한 호기심과 끊임없는 열정을 가지고 있을 것이라 확신한다. 하지만 조금이라도 젊고 체력이 좋을 때 화려한 삶을 누리고 싶다. 한 번 사는 인생 폼 나게 살고 싶다. 과소비고 사치라고 비난해도 상관없다. 나는 늘 최고의 것만을 소유하고 사용할 것이다. 나는 최고로 소중한 사람이기 때문이다.

나는 대우받고 존경받아 마땅하다. 다른 사람들이 우러러보는 존재가 될 것이다. 누구의 눈치도 보지 않고 사는 정글의 왕사자 같은 삶을 누릴 것이다. 젊을 때 자수성가해 크게 성공한 'Young King', 'Young Boss'가 될 것이다. 어떤 일에도 쉽게 흔들리지 않으며 어딜 가든 최고의 대우를 받고 최고의 것만 누리는 사람이 될 것이다.

사람은 어느 위치에 있든 그것에 딱 맞는 사람이 된다. 예를 들어, 말단직 사원은 딱 그 정도의 의식사고 수준을 갖고 있다. 아침에 일어나서 '오늘 하루를 어떻게 견딜까?', '주말은 언제 올까?'라고 생각하는 삶은 내가 원하는 삶이 아니다. 나는 절대로 누군가에게 소속되지 않을 것이다. 그것은 나의 영혼을 속박하는 일이며 가능성을 제약하는 일이기 때문이다. 무엇을 하든 내가 주인이 되어 책임지고 그 책임에 상응하는 대가를 거머쥘 것이다.

아침에 일어나 '오늘 하루 어떤 즐거운 일이 펼쳐질까?', '나는 오늘 하루 얼마나 성장할 것인가?', '오늘도 얼마나 멋진 하루를 보낼 것인가?'를 생각하는 삶을 살고 싶다. 삶을 살아가는 데 걱정 따위는 없다. 어차피 무엇이든 잘될 것이라는 확신이 늘 함께한다. 걱정과 두려움이 없기 때문에 모든 에너지를 긍정적인 곳에 쓸 수 있다. 쓸데없이 걱정하거나 두려워하는 데 내 소중한 에너지를 사용하지 않는다. 다른 사람들이 나를 시기하고 질투해도 영향을 받지 않는다. 나는 그만큼 에너지가 강력하니까 그 무엇도 두렵지 않다.

나는 젊은 나이에 부자가 되어 철없이 살 것이다. 세상이 정해주는 삶을 살지 않을 것이다. 나는 내 인생의 주인공이 되어 마음대로 누리고 살 것이다. 세상을 무대로 마구 뛰어놀 것이다. 그러다 넘어져도 툭툭 털고 일어서면 된다. 늘 청년의 패기를 갖고 도전하고 움직이는 삶을 살 것이다. 한 번 사는 인생 제대로 살아보겠다. 세상은 나의 무대이자 놀이터다.

나폴레온 힐 같은 사상가이자 성공학의 산증인 되기

나는 성공에 미친 사람이다. 언제나 성공에 목마르다. 내가 생각하는 '성공'은 자신이 원하는 대로 사는 것이다. 원하는 모습대로 되고 이루는 것이 성공이다. 나는 진정한 행복은 성공하는 삶을 영위하는 데서 온다고 생각한다. 혹자는 행복이 먼저라고 이야기하기도 한다. 나는 어설픈 행복을 거부한다. 기준을 높게 잡고 그에 맞춰 발전하는 삶이 진정한 행복이라고 생각한다. 결과가 모든 것을 말한다. 성공에는 반드시 그 이유가 존재한다. 과정이 중요하다고 말하는 것은 결과가 좋지 않은 것에 대한 변명이다.

성공한 사람들의 생각을 접하기 쉬운 세상이다. 사람들은 성공에 대해 다양한 이야기를 한다. 그럼에도 불구하고 왜 성공하는 사람들은 소수일까? 그것이 늘 의문이었다. '진짜 성공하는 법'은 따로 있다고 생각했다. 성공하는 사람끼리만 공유하는 비법이 있을 것이라 생각했다. 나같이 아무것도 없는 사람이 성공하려면 뭔가 특별한 것을 가져야 한다고 생각했다. 그러나 성공학을 공부하면 할수록 성공이 아주 단순하고 명료한 것임을 알게 되었다. 그래서 주변 사람들에게 이러한 것들을 이야기하기 시작했다.

나는 사람들이 내 말대로 움직이고 그것에 따라 인생이 변하는 것이 너무 좋다. 내가 하는 말이 누군가에게 영향을 미치는 것이 너무 좋다. 그런데 내가 아직 성공하지 못해서일까. 사람들은 내 말을 귀담아듣지 않았다. 왜냐하면 사람들은 눈에 보이는 것만을 믿기 때문이다. 나는 목숨을 걸 만큼 확신에 차 있지만 상대방은 눈에 보이는 결과가 없기에 믿지 않는다. 이 문제를 해결하기 위한 가장 좋은 방법은 역시 내가 결과를 이루어 보여 주는 것이다. 내 생각을 증명하는 산증인이 될 것이다. 사람들의 롤모델이 되고 동기부여가 될 것이다. 나처럼 생각하고 행동하면 성공은 무조건 보장되어 있다고 증명하고 싶다.

나는 고등학교 때부터 성공학에 대해서 연구하고 공통점을 찾는 것을 즐겨 했다. 그것은 내가 《시크릿》이라는 책을 읽는 순간부터 시작되었다. 그 책을 처음 읽었을 때 마치 인생의 보물지도를 얻은 느낌이었다. 그전에는 내가 성공할 수 있다고 생각하지도 못했는데 이 책을 읽고 나서 확신을 갖게 되었다. 모든 사람은 무한한 잠재력을 가지고 있으며 그것을 어떻게 사용하느냐에 따라 인생이 바뀐다는 것을 말이다. 결국 모든 것은 나에게 달려 있다. 그때부터 나는 꿈을 꾸는 데 있어서 제한을 두지 않았다. 오죽하면 그 당시 연예인 김태희의 팬이었는데 그녀와 결혼하겠다는 생각을 할 정도였다.

그때부터 《시크릿》을 내 가치기준으로 삼아 모든 것에 비교하기 시작했다. 윤리 시간에 배운 서양의 철학 사상들도 비교해 보았다. 특히 스피노자의 경우 아주 흡사했다. 그래서 스피노자의 책을 도서관에서 빌려 읽기도 했다. 친구들은 수능 점수에 도움이 되는 국·영·수 과목을 공부하고 있을 때 나는 서양 철학가들의 말을 공부했다. 또 불경을 듣거나 성경을 읽었다.

전 세계에서 5,000만 부 이상 팔린 《생각하라! 그러면 부자가 되리라》의 저자 나폴레온 힐은 약 500명의 성공한 사람들을 만나 성공학 법칙을 정립했다고 한다. 그는 미국의 대공황 당시 사람들에게 엄청난 희망을 주었다. 생소하기만 했던 성공학을 정립해 세상에 공개했기 때문이다.

오늘날 미국을 경제대국으로 만든 것은 힐과 같은 훌륭한 성공학 사상가들이 존재했기 때문이다. 그들은 사람들에게 큰 영향을 끼쳐 잠재의식을 발휘하게 했으며 더 나아가 사회를 부유하게 만들었다. 그리고 현재에도 그 영향력을 발휘하고 있다. 나는 이 성공의 법칙에 목숨을 걸 만한 가치가 있다고 판단했다. 그리고 온전히 이 법칙을 믿는 삶을 살기로 했다.

나는 계속해서 성공한 사람들을 만나고 열린 마음으로 그들에게 배울 것이다. 그리고 나폴레온 힐처럼 나의 것으로 만들어서 세상에 알리고 싶다. 지금 이 시대에는 성공학에 대한 정보가 넘쳐남에도 불구하고 행하지 않는 사람들이 더 많다. 오히려 정보가 너무 많고 살기 좋아져서 사람들이 성공을 꿈꾸지 않는 것 같다. 내 또래 대부분은 성공을 말하거나 기대하지 않는다. 그들은 꿈을 말하지 않고 오로지 눈앞의 현실만을 말한다. 나는 현실주의자들에게 이상주의자의 성공을 보여 줄 것이다.

나는 사람의 생각 같은 눈에 보이지 않는 것이 성공을 가져온다고 믿는다. 불교에 '공즉시색(空卽是色)'이라는 용어가 있다. 말 그대로 눈에 보이지 않는 생각이 눈에 보이는 현실이 된다는 것이다. 현재 가진 것이 없다 해도 반드시 성공하리라 확신한다. 무에서 유를 이루어 자수성가한 사람이 될 것이다.

많은 사람들이 성공은 환경이 정한다고 믿는다. 외모, 키, 학벌, 재력, 배경 등이 성공에 대한 보증수표라고 믿는 것이다. 그들은 환경을 탓할 뿐 자질을 키우기 위한 노력은 하지 않는다. 나는 가진 것은 없지만 보란 듯이 성공할 것이다. 그리하여 나의 믿음과 생각이 맞는다는 것을 증명할 것이다. 사람을 설득하기 가장 쉬운 것은 결과이기 때문이다.

나는 스스로 증표가 될 것이다. SNS나 블로그, 카페 등을 통해 내가 성공하는 과정을 남기고 있다. 내가 가는 길이 맞았음을 세상에 증명하고야 말 것이다. 더불어 그 과정에서 많은 부를 거머쥘 것이다. 흙수저로 시작한 인생, 누구도 주목하지 않았던 보잘것없던 인생이 어떻게 바뀌는지 보여 줄 것이다. 성공은 타고나는 것이 아님을 보여 주어 모든 사람에게 희망을 주고 싶다. 나폴레온 힐처럼 내가 성공한 과정을 사람들에게 친절하게 전해 줄 것이다. 그들과 다를 바 없는 내가 이루었기 때문에 더 큰 자극이 될 것이라고 생각한다.

얼마 전 안장혁 성우의 〈보이스 트레이닝〉 수업을 들었다. 그는 대한민국 성우계에서 아주 저명한 실력자다. 이름만 들어도 알 만한 애니메이션의 더빙은 거의 그가 진행했다. 그의 강의를 들으며 느낀 점은 똑같은 내용이라도 어떻게 전달하는지가 중요하다는 것이다. 그는 목소리만 들어도 그 사람을 파악할 수 있다고 한다. 왜냐하면 목소리에는 그 사람의 에너지와 성향 등 모든 것이 녹아들어 있기 때문이다. 나도 내 에너지를 모두 담아 소울이 넘치는 성공학 명강사가 될 것이다. 그래서 강의를 듣는 사람의 심장을 뛰게 만들고 영혼을 깨울 것이다.

인생은 생각보다 짧다. 밝고 좋은 생각만 하며 살기에도 모자라다. 나는 성공하고 싶지만 방법을 몰라 고민하는 사람에게 일종의 이정표가 되고 싶다. 그들이 시간을 낭비하지 않고 올바른 방향으로 가도록 돕고 싶다. 내가 성공한 사람들을 만나서 많은 도움을 받은 것처럼 말이다. 사람들이 밝고 좋은 생각을 하도록 일깨워 주는 것은 보람 있는 일이라고 생각한다. 그들을 깨워 주면서 나 역시 더욱 성장할 것이기 때문이다. 한 번 사는 인생, 크게 성공해서 베풀면서 살아간다면 그보다 멋진 인생이 어디 있을까.

만주 벌판 사서
21세기
광개토태왕 되기

나는 초등학교 때부터 역사가 좋았다. 그중에서도 가장 재미있고 가슴을 뛰게 만드는 것이 '고구려'에 대한 이야기였다. 고구려의 역사는 늘 호방하고 역동적이었다. 나는 고구려가 너무 좋은 나머지 내 조상이 고구려 사람이라고 생각하기도 했다. 지금 생각하면 조금 웃기기도 하지만 당시에는 꽤 진지했다.

중·고등학교 때도 고구려에 대한 사랑은 계속되었다. 힘든 일이 있을 때마다 '나는 고구려의 후예니까, 더 큰사람이 되어야지'라고 생각하며 견뎠다. 그리고 고구려 사람들처럼 정의로운 사나이가 되고 싶어 했다. 약한 친구에게는 져 주고, 힘이 센 친구에게는 덤벼들었다가 흠씬 두드려 맞기도 했다. 스스로가 정한 '고구려의 후예'라는 신념이 가치관에 영향을 주었던 것이다.

내가 고구려를 좋아하는 데는 이유가 있다. 우리나라 역사를 정말 좋아하지만 다른 나라 사람에게 당당하게 자랑할 만한 역사가 없다. 그러나 고구려만큼은 달랐다. 유일하게 중국과 대등하게 싸우며 그들을 물리쳤다. 특히 광개토태왕은 공세적이고 적극적으로 영토를 넓힌 역사를 보여 주었다. 그는 힘의 논리로 돌아가는 세계를 정확히 이해했다. 역사적 인물 중 가장 존경하는 사람을 꼽으라면 나는 주저 없이 광개토태왕을 꼽을 것이다.

나는 고구려의 부강함과 당당함이 좋다. 끝없는 만주 벌판을 거침없이 달리던 고구려의 기마부대를 생각하면 가슴이 뛴다. 웅장하고 거침없으며 역동적이고 진취적인 그들의 모습에 속이 시원해지고 통쾌해진다. 나는 학창시절 고구려를 입에 달고 살았다. 고구려의 상징인 '삼족오' 문양을 늘 몸에 지니고 다닐 정도였다. 그래서 친구들에게 '고구려빠'라고 놀림을 당하기도 했다. 삼족오는 내가 지금도 아주 좋아하는 문양으로, 훗날 내가 세울 'Noble Raven' 그룹의 엠블럼이 될 것이다. 삼족오는 늘 내게 행운을 가져다준다. 기분 탓일 수 있지만 기쁜 일이 있거나 위로가 필요할 때마다 까마귀가 내 주변을 서성이며 지저귀곤 한다. 그래서 나는 까마귀를 좋아한다. 까마귀는 내게 고구려의 꿈과 야망을 일깨워 주는 일종의 상징물이다.

광개토태왕을 존경하고 롤모델로 삼다 보니 '티무르'라는 사람을 알게 되었다. 그는 스스로가 칭기즈칸의 후손이라고 말했는데, 실제로는 그렇지 않았다. 하지만 스스로가 그렇게 규정했기에 '티무르 제국'을 세울 수 있었다. 스스로 위대한 인물의 후예라고 칭하며 꿈을 이룬 티무르는 나의 롤모델이다. 자신이 되고 싶은 모습을 생각하고 스스로 그 후예라고 여기며 결과를 이루었으니 말이다.

나는 고구려 땅을 밟아 보는 것이 소원이었다. 대학교 때 기회가 왔다. '독립군 유적 답사'라는 프로그램이었는데 신청자를 받아 국비로 다녀오는 것이었다. 백두산도 가고 고구려의 여러 성들에도 간다고 해서 바로 신청했다. 그때의 설레었던 기분은 말로 표현할 수 없다. 여행 중의 모든 순간이 소중했다. 고향에 온 기분이었다. 눈앞에 펼쳐지는 장면을 한순간도 놓치지 않으려 애썼다. 왜냐하면 미래에 내가 가질 것이었기 때문이다. 끝없이 펼쳐진 옥수수 밭을 보고 있으면 까마득했다. 8시간을 달려도 똑같은 풍경이 펼쳐졌다. 광활한 영토를 느낄 수 있었다. 그리고 드넓은 평야에 광개토태왕릉비가 우뚝 솟아 있는 것을 보았을 때는 그 규모에 감탄할 수밖에 없었다. 틀림없이 엄청난 역사가 숨어 있을 것이라고 확신했다.

한 가지 안타까운 것은 그곳이 중국 경찰들의 통제하에 있다는 사실이었다. 한국 사람들이 태극기를 꺼내거나 무엇인가 분석하려고 하면 중국 경찰들이 가로막았다. 나는 분노에 파르르 떨었다. 자랑스러운 우리의 역사를 자신들의 것이라고 억지를 부리는 중국에 대해 화가 났다. 그래서 '우리나라를 통일시키고 이 땅을 되찾아야지'라는 생각이 간절해졌다. 나는 그것을 '꿈의 전이'라고 생각한다. 꿈에 대한 열망이 강하면 그 사람의 육체는 죽는다 할지라도 그 마음만은 남아 후손들에게 계속 전해진다고 한다. 고구려 사람들의 큰 열망과 에너지가 나에게 전이된 것이 아닐까?

중국은 천문학적인 돈을 들여 주변국들의 역사를 왜곡하고 있다. 이는 미래에 대한 투자이자 음모다. 그들은 중화제일주의를 내세우며 주변국들을 자신의 역사에 편입시키고 있다. 역사를 소홀히 하면 후손들은 자연히 그 역사를 잊게 된다. 그리고 시간이 흐를수록 만주 땅이나 독도를 지켜야 할 명분이 사라지게 된다. 그곳이 당연히 지켜야 할 우리나라 땅이라는 인식이 점차 약해지기 때문이다. 중국은 그 지켜야 할 것들을 망각하게 만드는 작업을 하고 있는 것이다.

나는 원래 육군사관학교에 가서 군인이 되거나, 아니면 서희와 같은 외교관이 되고 싶었다. 그러나 현대사회에서는 돈이 많은 부자가 가장 힘이 있다는 생각이 들었다. 그리하여 가지게 된 꿈이 바로 '억만장자'다. 자본주의의 논리로 돌아가는 세계에서 돈은 가장 큰 힘이자 영향력이라고 판단했다. 세계화 시대에 다국적 기업은 일종의 제국이다. 그들은 자신들에게 유리한 대로 사람들의 욕구를 바꾸고 문화까지 선도해 나간다. 나는 그들이 이 시대의 진정한 지배자라고 생각한다. 나는 다국적 기업이라는 제국의 황제이자 억만장자가 되려고 한다. 억만장자가 되면 국가를 뛰어넘는 일도 능히 해낼 수 있을 것이다.

나는 억만장자가 되어 우리 조상의 무대였던 만주 벌판을 사들일 것이다. 그곳에서 대규모의 농사를 지어 통일한국을 먹여 살릴 것이다. 그리고 잊어버린 우리나라의 역사를 되찾을 것이다. 과거에 대한 단순한 집착이 아니다. 대한민국을 결집시킬 구심점이 될 것이라고 생각한다. 우리나라 국민 스스로가 역사를 자랑스럽게 여긴다면 성장 잠재력은 더욱 커질 것이기 때문이다.

머지않아 북한과 통일이 되어 중국과 맞닿을 일이 분명히 생길 것이다. 나는 그날을 기다리며 나의 그릇과 의식 그리고 재력을 키울 것이다. 만주 땅을 가지기 위해선 통일된 대한민국에서 해야 할 일이 참으로 많다. 21세기의 중심국이 될 우리나라 대한민국의 미래를 내가 짊어지고 나갈 것이다. 나는 21세기의 광개토태왕이 될 사람이다. 만주 벌판을 역동적으로 횡단하는 고구려의 무사처럼 역동적으로 살아갈 것이다. 람보르기니를 타고 만주 벌판을 거침없이 질주하는 그날을 꿈꾼다.

05

최강의 **피트니스 코치**가 되어 **건강한 라이프스타일** 정착시키기

나는 어렸을 적부터 지극히 평범하고 순한 아이였다. 어디를 가도 크게 영향력 없이 조용히 살아오기만 했던 것 같다. 쉽게 말하면 주도세력이 되지 못했다. 그렇지만 낙천적인 성격 덕에 딱히 불만은 없었다. 하지만 행복하지도 않았다. 나는 내면을 솔직하게 들여다보기로 했다. 내면에는 주목받는 삶에 대한 욕구가 가득했다. 나는 이런 욕구를 풀기 위해서라도 치열하게 인생을 바꾸려 노력해 왔다. 그 노력에는 크게 두 가지가 있다. 바로 운동과 독서다. 독서는 예로부터 수많은 사람들이 인정한 성공 비결이다. 반면에 운동을 인생을 바꾸기 위한 필수 요소라고 생각하는 사람은 별로 없다. 나는 운동으로 많은 것을 바꿨다.

나는 어릴 때 운동신경이 전혀 없었다. 초등학교 때 달리기 경주를 하면 늘 꼴찌였다. 당시 아버지로부터 들었던 말이 아직도 생생하다.

"엉덩이 쭉 빼고 뒤뚱뒤뚱 달리는 모습이 엄마를 꼭 닮았네. 사나이가 그렇게 운동신경이 없어서 어떡하나…."

이 말은 상처가 되어 나를 옭아매었다. 특히 구기 종목을 할 때는 늘 자신감이 없어 소극적으로 참여하거나 피했다. 그러다 보니 친구 관계도 원만하지 못했다. 그런 열등감 속에서 강력하게 샘솟는 욕구가 있었다. 바로 '다른 사람보다 피지컬적으로 우월한 사람이 되는 것'이었다. 사춘기 시절, 운동신경에 대한 열등감은 나를 강해지고 싶게 만들었다.

액션 영화나 드라마에 나오는 주인공들을 보면 가슴이 뛰었다. 특히 드라마 〈무사 백동수〉에 나오는 '조선제일검'이라는 캐릭터는 나를 설레게 했다. 세상에서 가장 강한 사람이 된다는 것은 어떤 기분일까? 그 기분을 느껴 보기 위해 나는 격투기 선수에 도전했다. 운동신경이 부족함에도 불구하고 6승 1패라는 성과를 거두었다. 지금 생각하면 조금 쑥스럽지만 〈무사 백동수〉의 OST

인 '야뇌'를 틀어 놓고 내가 백동수라고 생각하며 운동했던 기억이 난다.

격투기 대회 이후 보디빌딩 대회에 출전한 적도 있다. 그때는 단순히 강해지고 싶은 마음에 운동을 했지만 지나고 보니 얻은 것이 참 많다. 일단 군살이 빠지고 실루엣이 좋은 몸매를 얻었다. 그랬더니 같은 학과 여자 동기들이 칭찬을 해 오기도 했다.

"오, 명호! 요즘 살 빠지더니 훈남 된 것 같다. 멋있어졌네."
"와, 몸이 완전 역삼각형이야! 장난 아니다!"

겉으로는 아무렇지 않은 척했지만 속으로는 미소 지었다. 체지방이 빠지자 이목구비가 뚜렷해지고 동그랗던 얼굴이 'V 라인'이 되었다. 피부도 노폐물이 빠져서 그런지 마치 관리한 것처럼 좋아졌다. 외모에 자신감이 붙다 보니 자연스레 성격도 적극적으로 변했다. '모태솔로'라고 놀림을 당하던 내게 여자 친구도 생겼다. 만약 운동을 하지 않았다면 내면은 몰라도 외면은 그대로이지 않았을까? 운동은 건강한 성형이다. 칼이나 레이저를 사용한 성형수술은 부작용을 부르지만 운동은 건강하게 외형을 바꾸어 주기 때문이다.

많은 사람들이 살을 빼기 위해 운동은 하지 않고 단식을 하거나 식단을 극단적으로 조절하고, 심지어는 다이어트 약물까지 먹는다. 그런 방법으로는 살을 빼더라도 다시 원래대로 돌아갈 가능성이 높다. 다이어트에 관해서 나에게는 한 가지 확고한 생각이 있다. 바로 '세상에 공짜는 없다'라는 것이다. 살이 찌는 것은 본질적으로 많이 먹어서라기보다 움직임이 부족해서다. 제대로 된 나이어트를 하기 위해서는 생활습관 자체를 바꿔야 한다. 생활습관 변화의 첫 시작이 바로 운동이다.

나는 바쁜 와중에도 운동을 하며 수많은 시행착오를 겪었다. 어떻게 운동하는 것이 가장 효율적인지 끊임없이 연구했다. 아르바이트를 3개씩 하며 대학에 다닐 때도, 군 생활 중에도 운동을 멈추지 않았다. 그러다 보니 남들과 다른 방식으로 운동하게 되었고 적게 운동하고도 큰 효과를 내는 운동에 집중하게 되었다.

헬스장에서 트레이너 일을 할 때 많은 회원들이 매일 2~3시간씩 운동하는 것을 볼 수 있었다. 그런데 이상하게도 시간이 지나도 그대로였다. 매일 운동은 하는데 변화가 없고 그것에 지쳐서 운동을 그만두면 다시 몸이 나빠졌다. 생각보다 운동 방법에 대해서 제대로 알고 있는 사람이 없었다.

나는 시간이 없었기에 일주일에 3시간만 바짝 운동했는데, 오히려 효과가 좋았다. 그래서 대학교 때는 후배들에게, 군대에서는 병사들에게 이 운동법을 알려 주었다. 전에는 아무리 운동해도 변하지 않던 몸들이 1~3개월 안에 드라마틱하게 변하는 것을 보왔다. 나는 그들에게 일어나는 변화를 지켜보며 제대로 된 운동 방법을 알리자는 결심을 했다.

나는 운동으로 외모, 자신감, 꿈, 체력, 건강 등 많은 것을 얻었다. 많은 사람들이 나처럼 운동을 통해 변화하는 모습을 보고 싶다. 그래서 지인들에게 늘 운동을 권하고 가르쳐 준다. 그들이 내가 알려 주는 운동을 통해 라이프스타일이 변하거나 성취를 이루어 낼 때마다 더할 나위 없는 뿌듯함을 느낀다. 가장 뿌듯할 때는 내가 운동법을 알려 주고 난 이후 스스로 계속해서 운동을 하는 모습을 볼 때다. 스스로가 운동의 필요성을 깨닫고 찾아서 하는 것이기 때문이다.

대한민국의 유흥문화는 소모적이고 비생산적이다. 술을 마시며 즐기는 것은 그저 스트레스를 푸는 정도밖에 안 된다. 나는 술을 전혀 마시지 않은 맑은 정신에도 너무 행복하고 즐겁다. 앞으로 '불금'에는 술을 마시는 것이 아니라 피트니스 클럽에서 '쇠질' 하며 불태우는 문화를 만들어 나갈 것이다. 내가 그 문화의 선두 주자가 되어 대한민국 사람들이 건설적이고 발전적인 라이프스타일을 만들어 나가도록 앞장설 것이다.

TV나 인터넷 방송에 출연해 나의 운동 프로젝트를 전 국민과 함께하고 싶다. 그리고 최강의 피트니스 코치가 되어 사람들의 운동 시간을 단축시켜 줄 것이다. 나는 나에게 있던 신체적 결함, 타고나지 않은 운동신경을 극복했다. 이것이 코치로서 하나의 경쟁력이 될 것이라고 생각한다. 누구나 운동할 수 있다는 것을 보여 줄 수 있기 때문이다. 내가 개발한 운동 방식은 일주일에 최대 3시간만 운동하고 따로 식단관리도 하지 않는다. 그리고 혹시 중간에 잠시 운동을 그만두더라도 크게 요요가 오지 않는다. 나는 현대의 바쁜 사람들에게 제대로 된 운동 방법을 알려 주어 운동뿐만 아니라 다른 삶도 놓치지 않게끔 하고 싶다.

앞으로 대한민국 최강의 피트니스 코치가 되어 더욱 연구하고 발전시킴으로써 내게 운동을 배우는 사람의 인생을 바꾸어 줄 것이다. 최고로 효율적으로 운동해 시간을 아끼고 몸매를 변화시킬 뿐 아니라 스스로가 운동에 흥미를 느껴 평생 운동하는 건강한 라이프스타일을 갖게 할 것이다.

버

킷

리

스

트

9

| Chapter 3 |

세상에 선한 영향력을
펼치는 성공한 1인 기업가

이선정

이선정

연세대학교 미래교육원 전문강사, '이선정부모자녀교육연구소' 대표, 동기부여가, 작가

30여 년간 교직에서 학생과 학부모 교육에 헌신한 교육전문가로, 고등학교 교감, 서울시교육청 위촉 교육컨설턴트 등을 거쳐 현재 연세대학교 미래교육원에서 강의를 하고 있다. 학교 안 청소년들과 살아온 날들을 뛰어넘어 학교 밖 세상에서 부모, 자녀들을 만나며 그들에게 꿈과 희망을 주고 삶의 방향을 제시해 주는 멘토이자 작가다. 현재 자녀교육에 대한 개인저서를 집필 중이다.

| E-mail sc0904@naver.com
| Blog http://blog.naver.com/sc0904

'책 쓰기'로
1인 기업가의
성공 아이콘 되기

지금은 누구나 지식 자본으로 창업할 수 있는 시대다. 좋은 아이템으로 제대로 준비가 된 사람만이 성공적인 기업의 오너가 될 수 있다. 우리나라뿐만 아니라 세계적인 경제 불황 속에서 1인 기업 창업은 직장을 퇴직하거나 퇴직 위기에 몰린 수많은 사람들이 생각하는 사업 중 하나다. 안타깝게도 많은 사람들이 1인 기업을 창업하고 폐업하는 악순환을 되풀이하고 있다.

나에게는 몇 가지 버킷리스트가 있다. 그 가운데 '책을 써서 1인 기업가 되기'가 있다. 버킷리스트를 실현하기 위해 지금 부지런히 노력하고 있다. 지금까지는 직장인으로서의 가난한 마음으로 재능 기부를 해 왔다면 앞으로는 1인 기업을 통해 나의 지식과 경험, 깨달음을 전달하는 것은 물론 소외 계층을 위한 넉넉한 기부도 진행할 계획이다. 이는 퇴직 후 나의 비전이다. 후진국에서 태어나서 죽음을 맞이할 때까지 기아선상에서 허덕이는 많은 사람들에게 희망의 빛을 선물하고 싶다.

성공한 1인 기업가가 되기 위해선 살아온 지난날들을 돌아볼 필요가 있다. 성경에는 '눈물을 흘리며 씨를 뿌리는 사람은 기쁨으로 단을 거둔다'라는 말이 있다. 교육도 마찬가지다. 진정한 교육자는 눈물의 의미를 아는 사람이라 생각한다. 교육자로서의 34년은 기쁨과 환희, 눈물이 어우러진 역사라 해도 과언이 아니다.

김영랑 시인은 '한 송이 모란꽃을 피우기 위해 소쩍새가 밤새 울었다'라고 표현했다. 나는 소쩍새의 눈물과 같은 마음으로 학생들을 가르쳤다. 신입생이 들어오고 학년이 바뀌는 이른 봄날에는 무엇보다 먼저 노란 개나리가 산천을 노랗게 바꾸어 놓았다. 이어 벚꽃, 아카시아가 피었다. 어느 것 하나 눈물 없이 핀 꽃은 없을 것이다. 엄동설한의 추위를 딛고, 가지마다 새 생명으로 피어나 저마다 아름다운 자태를 뽐냈다.

내가 열정으로 가르쳤던 학생들도 고통으로 다져진 강인함으로 저마다 꿈을 실현해 나가고 있다. 그동안 내가 학생들에게 정성으로 쏟았던 가르침들이 아름다운 꽃으로 피어나길 늘 기도하고 있다.

퇴직을 앞두고, 앞으로 어떻게 살 것인가에 대해 진지하게 생각해 보았다. 그동안 살아온 경험과 지식을 마중물로, 앞으로 남은 인생은 좋아하는 일을 하며 살고 싶다. 학생들을 가르치며 그들이 꿈을 가질 수 있도록 동기부여해 주는 일이 내게는 참으로 큰 보람이었고 축복이었다. 성경에 보면 '많은 사람을 옳은 데로 돌아오게 하는 자는 별과 같이 영원토록 빛나리라'라는 구절이 있다. 이 구절은 교직생활 중 힘들고 낙심될 때 다시 일어설 수 있게 해 준 위로와 격려의 메시지였다.

지금까지는 학교라는 작은 울타리 안에서 학생들에게 꿈과 희망을 전하는 메신저로 살았다. 앞으로는 학교 밖 사회에서 '꿈'과 '성공'을 주제로 많은 사람들이 더 나은 인생을 살도록 도움을 주는 메신저로 살고 싶다. 아울러 1인 기업 '이선정 꿈성공교육연구소'를 창업해 세상에 선한 영향력을 펼치며 살아가겠다는 다짐을 해 본다.

나는 인터넷 검색을 통해 〈한책협〉을 알게 되었다. 이곳은 20년간 200여 권의 저서를 펴낸 김태광 코치가 설립해 운영 중인 곳이다. 김태광 코치는 5년간 600여 명 이상의 평범한 사람들을 작가로 만든 천재 책 쓰기 코치로 손꼽히고 있다. 현재 나는 이곳에서

〈책 쓰기 과정〉을 듣고 있다.

〈한책협〉의 〈책 쓰기 과정〉을 시작하기 전까지 나는 모 대학의 평생교육원 명강사 최고위 과정을 수료했다. 지적 욕구가 강한 나는 느낌이 꽂히면 바로 등록한다. 과정에 등록한 뒤 행복한 고난의 시간이 시작되었다. 3개월 과정 내내 몰입수업 그 자체였다. 치밀하게 준비된 열정적인 강의에 감동했다. 나는 과정을 수료하고 명강사 경연대회에서 최우수상을 수상하며 명강사 1급 자격증도 받았다. 앞으로 강연을 하려면 소속이 있어야 한다는 지도교수의 조언은 내 생각과도 같았다. 내가 할 일이 구체적으로 다가왔다.

나는 1인 기업 '이선정 꿈성공교육연구소'를 설립해 강의 콘텐츠를 만들 생각이다. 그리하여 전국을 무대로 강의를 펼치고 싶다. '앞으로 강의를 잘할 수 있을까'라는 의구심과 '나에게는 수십 년간 교단에 섰던 화려한 경력이 있으니까 강의를 잘할 수 있다!'라는 긍정의 생각이 교차되었다.

명강사 최고위 과정에서는 강의 기법, SNS 마케팅을 위한 블로그, 카페 만들기, 멀티 PPT 제작법 등 강사활동에 필요한 다양한 내용을 배웠다. 또한 실제로 시범 강의는 물론 강의 코칭도 받았다. 하지만 나의 강의력에는 큰 변화가 없었다. 내가 고등학교 교감 출신이니 인사로 불러 주는 곳도 있었으나 나 스스로 의식을 확장하고 배운 것을 실행하는 혁신을 일으키기 전에는 강연가로서 성공할 수 없다는 생각이 들었다. 1인 기업가로 성공하기 위해서는 무조건 내 이름으로 된 책이 필요하다는 생각을 비로소하게 되었다. 강연가도, 동기부여가도, 1인 기업가도 모두 주체인내가 홍보되어야 가능한 일이기 때문이다. 그리하여 꿈을 이루기위한 나의 콘텐츠 캠페인 가운데 제1순위로 '책 쓰기'를 정한 것이다.

나는 교직에 있을 때 가르치는 일과 학교경영 업무로 바쁘게시간을 보냈다. 틈틈이 독서를 했는데, 주로 자기계발서 위주로 읽었다. 그때의 독서가 지금의 나를 있게 한 원동력이 되었다.

'그래, 자기계발서를 쓰자. 살아온 날들의 소중한 지식과 경험을 담아 선한 메시지를 남기자!'

이런 생각이 들자 가슴이 뛰기 시작했다. 그렇다고 무작정 쓸수는 없는 일이었다. '책 쓰기' 키워드로 인터넷서점을 검색하던중 〈한책협〉을 알게 되었다. 이곳에서 책 쓰기 코칭을 하고 있는임원화 코치의 《한 권으로 끝내는 책쓰기 특강》을 구입해 단숨에 읽어 내려갔다. 내용이 눈에 쏙쏙 들어왔다. 참으로 알기 쉽게저자의 경험이 생생하게 펼쳐져 있었다. 알차게 차려 놓은 영양가있는 밥상 같았다. 이 책을 읽으며 1인 기업가로 성공하기 위한 입문으로 '반드시 책을 쓰리라'라는 결심을 굳히게 되었다.

1인 기업의 성공한 CEO가 되기 위한 우선순위가 무엇일까를 생각해 보았다. 누구에게나 주어지는 24시간을 잘 경영하는 것이 무엇보다 중요하다. 나의 경우 평생을 학교에 갇혀 살았다고 해도 과언이 아니다. 요즘은 퇴직 후에 하고 싶었던 일들 중 가장 소박한 일을 하며 시간을 보내기도 했다. 책을 읽고 사색하며 음악을 듣는 일상의 여유로움이 행복감을 안겨 주었다. '이보다 더 행복할 수 있을까' 하는 풍요로움을 잠시나마 만끽할 수 있었다. 이제는 애벌레가 알에서 깨어나듯 이 순간을 털고 일어날 시점이라는 생각이 들었다.

지금은 나의 버킷리스트 1호인 '이선정 꿈성공교육연구소'의 CEO로 당차게 서기 위한 준비를 하고 있다. 누구나 시간이 남아돌면 게을러지게 마련이다. 요즘은 시간표를 만들어 책을 쓰는 일에 사용하는 시간을 기록하며 자원으로서의 시간을 효율적으로 사용하려 노력하고 있다.

나는 내가 가진 지식과 경험, 깨달음을 돈으로 바꾸는 1인 기업가가 될 것이다. 먼저 보이지 않는 콘텐츠가 담긴 물건인 책을 펴내고 싶다. 내가 쓴 책을 읽고 많은 사람들이 사색하고 써 놓은 한 줄의 메모들로 인해 인생이 나아지리라 확신한다.

수많은 사람들에게 꿈을 주며 성공하도록 동기부여하는 일은 그 어떤 일보다도 가치 있고 행복한 일이다. 세상에서 가장 소중하고 가치 있는 것은 나의 인생 경험이다. 나의 경험과 깨달음이 담긴 책은 순식간에 베스트셀러가 되고 스테디셀러가 될 것이다.

나는 지금부터 빈자의 사고에서 부자의 사고로 전환하기 위해 노력하고 있다. 성공하고 부자가 되기 위해선 먼지 기존의 의식사고에서 부자의 의식사고로 바꿔야 하기 때문이다.

"부자의 마음을 갖추면 부자가 된 것이나 다름없습니다. 현재 부자가 아니라면 지금과 완전히 '정반대'로 생각해야 합니다!"

이구치 아키라의 《부자의 사고 빈자의 사고》에 나오는 말이다. 나는 과거와는 정반대로 생각하고 말하고 행동할 것이다. 그리하여 단기간에 내가 꿈꾸는 미래를 창조해 낼 것이다. 지금까지는 진짜 내 인생을 살 수 없었지만 앞으로는 시간의 자유, 경제적 자유를 누리며 사람들의 꿈과 성공을 돕는 백만장자 메신저로 살아가겠다. 나를 만나는 모든 사람들이 더 나은 인생을 살도록 목숨 걸고 돕겠다.

책과 **음악**이 함께하는 '북 앤 뮤직 콘서트' 열기

　　나는 클래식 음악을 좋아한다. 클래식을 제대로 알고 싶어 오랜 시간 클래식 전문 방송인 KBS 제1FM을 청취했다. 음악가와 연주자의 삶과 작품을 심도 있게 설명하는 이 방송을 통해 클래식에 눈을 떴다. 좋아하는 음악이나 관심 있는 연주자의 콘서트가 열리면 연주회장을 찾아가 직접 듣기도 했다. 플루트를 배워 오케스트라 단원으로서 일본과 유럽을 순회하며 연주했던 일은 영원히 감동으로 남을 귀중한 경험이며 자산이다.

　　과거의 나는 퇴직 후 클래식을 좋아하는 사람들과 '하우스 콘서트'를 여는 꿈을 갖고 있었다. 꿈을 이야기하며 서로 긍정 에너지와 행복을 나누는 작은 콘서트를 상상했었다. 꿈을 이루기 위해 매일 시간을 정해 놓고 플루트 연습을 하고 음악을 들으면서 음악 관련 서적을 읽고 메모했다.

책을 쓰고 있는 요즘은 그 꿈이 살짝 바뀌었다. 〈한책협〉 작가들과 함께 연 2회의 '북 앤 뮤직 콘서트'를 열고 싶다. 콘서드를 통해 책을 읽는 문화와 음악이 있는 문화를 동시에 공유하고 싶다. 더불어 책을 나눔으로써 마음을 나누는 인문 가치를 공유하고 싶다. 그래서 많은 사람들이 책과 음악을 통해 생생한 꿈을 꾸고 그 꿈을 이루는 행복을 누렸으면 좋겠다.

지금은 꿈을 이루기 위해 책 쓰기에 더욱 몰입하고 있다. 이 시간이야말로 꿈을 이루기 위해 나를 단련시키고 성장시키는 소중한 자원이다. 삶의 경험과 지식이 녹아든 나의 책이 출간되면 '북 앤 뮤직 콘서트'를 반드시 열 것이다. 좋아하는 일을 위해, 그것이 사회에 선한 영향력을 미치는 일이라면 얼마든지 많은 시간과 노력을 투자할 수 있다.

공연기획사들은 더욱 강력하게 작가의 메시지를 전달하기 위해 책과 음악이 함께하는 공연을 기획해 선보이고 있다. 《파우스트》, 《젊은 베르테르의 슬픔》 등 세계적인 작품을 남긴 독일 문학의 거장 괴테는 수많은 음악가들에게도 영감을 준 것으로 유명하다. 그의 시는 모차르트, 베토벤, 슈베르트, 브람스 등에 의해 음악으로 재탄생되었다. 모 공연기획사는 괴테의 인생과 명작을 음악의 미학으로 선보이는 '렉처 콘서트(lecture concert)'를 시리즈로 열기도 했다. 독자는 책과 음악이 함께하는 콘서트를 통해 작가의 메시지에 공감하고, 삶을 연주하는 음악에 공감할 수 있다. 영감 있는 음악을 통해 표현되는 작가의 메시지는 독자들에게 더욱 강한 임팩트를 줄 것이다.

내가 기획한 '북 앤 뮤직 콘서트'는 저자가 출판을 기념하며 독자들과 만나는 자리다. 음악 공연을 배경으로 책을 소개하고 작가나 책에 관한 궁금한 이야기를 나누며 소통하는 자리를 일컫는다. 기존의 출판기념회나 작가와의 대화, 작가의 글 낭독회와 다른 점은 바로 음악이 함께한다는 점이다.

한마디로 작가와 독자, 연주자와 음악이 어우러진 문화행사라고 할 수 있다. 독자와 작가가 함께 삶의 이야기를 나누는 '북 앤 뮤직 콘서트'는 많은 사람들에게 책의 소중함을 알려 줄 것이다. 책을 좋아하는 사람들과 음악을 배경으로 책의 진정한 가치를 찾아보는 보람된 자리다.

작가는 살아오며 겪은 역경과 시련을 극복한 자신만의 삶의 이야기를 책에 담는다. 작곡가의 음악도, 연주자가 연주하는 음악도 책과 같다. 우리는 세기의 음악가들이 남긴 작품에서 그들의 고귀한 삶의 이야기를 읽을 수 있다. 또한 한 권의 책은 사람들에게 꿈을 심어 주고 의식을 확장시켜 주며 인생을 변화시킨다.

영국의 극작가 윌리엄 셰익스피어는 "고통스러운 슬픔으로 가슴에 상처를 입고 마음이 혼란스러울 때, 음악은 은빛 화음으로 빠르게 치유의 손길을 내민다."라고 말했다. 이처럼 음악도 책과 같이 사람의 마음을 움직이는 큰 힘을 가졌다. 작가의 생각과 삶이 담긴 책과 음악이 만나는 '북 앤 뮤직 콘서트'를 통해 독자들은 책 속의 내용을 더욱 감동적으로 만날 수 있을 것이다. 나의 '북 앤 뮤직 콘서트' 프로젝트는 다음과 같다

주제 : 꿈과 성공, 책과 음악을 통해 이루다
강사 : 〈한책협〉 작가들
일시 : 2017년 5월, 10월
장소 : 성남아트센터 콘서트홀
후원 : 성남아트센터, 성남시청

내년 가정의 달 5월에는 1차 '북 앤 뮤직 콘서트'를 열 것이다. 성남아트센터와 성남시청의 후원을 받아 작가와 독자들이 모두 감동받을 수 있는 콘서트를 만들 것이다. 참여한 독자들이 책과 가까워지고, 꿈을 이룰 수 있도록 동기부여를 해 주는 것이 나의 미션이다.

1부 오프닝은 사회자의 내레이션과 함께 현악 앙상블 4중주단

의 축하 연주로 시작된다. 뒤를 이어 '작은 밤의 음악'으로 잘 알려진 모차르트의 〈소야곡〉, 어린이의 꿈을 노래한 슈만의 〈트로이메라이〉, 엘가가 사랑하는 아내를 위해 작곡한 〈사랑의 인사〉가 연주된다. 이어 〈한책협〉 김태광 대표가 콘서트홀을 가득 메운 독자들에게 '꿈과 성공'에 관해 강한 메시지를 전달한다. 듣는 이들이 모두 감동한다. 이어서 〈오, 사랑하는 나의 아버지〉, 〈You raise me up〉 등 소프라노 독창이 1부와 2부를 감미롭게 이어 준다.

'자기계발'과 '인문학 이야기', '독서법' 등을 주제로 〈한책협〉 작가들이 2부를 이끌어 간다. 3부는 작가의 '책 쓰기'와 '성공이야기'로 꾸며진다. 이렇게 1차 '북 앤 뮤직 콘서트'는 막을 내린다. 2차 '북 앤 뮤직 콘서트'에서는 각자 책장 속에 잠들어 있는 책을 가져와 필요한 이에게 나누는 책 기증 운동을 할 것이다.

이 행사는 학생과 학부모가 함께 참여하는 행사로 의미가 크다. 책을 펼치면 온 가족이 하나가 될 수 있다. 책에 대해 함께 이야기하며 감정을 공유할 수 있다. 가족 간에 소원했던 마음을 치유할 수 있는 좋은 시간이 될 수 있다. 책을 통해 가족관계의 선순환이 이루어질 수 있다.

나는 오늘보다 나은 내일을 꿈꾸며 책 쓰기를 통해 작가, 강연가, 동기부여가, 1인 기업가로 성공할 것을 꿈꾼다. 지금도 삶의 매 순간을 꿈을 이루기 위해 책과 음악과 함께 보내고 있다. 계획한

대로 2017년에는 반드시 '북 앤 뮤직 콘서트'를 열 것이다. 아울러 성남시청의 초청 및 후원을 받아 정기적이고 영향력 있는 행사로 정착시킬 것이다.

03

청소년을 위한 '문화 클리닉 센터' 설립하기

　　오늘날 대부분의 청소년들은 학교에서 학원으로, 학원에서 집으로 쳇바퀴 돌듯 하는 생활 패턴을 가지고 살아간다. 그리고 여유시간에는 게임을 즐기거나 목적 없이 인터넷을 하고 TV를 시청할 뿐이다. 특히 스마트폰이나 인터넷에 여과 없이 노출되면서 도박에 중독된 청소년들이 엄청나게 많다는 사실은 우리를 놀라게 한다. 우리 사회의 미래를 이끌어 갈 청소년들의 소중한 여가시간이 고작 단순한 오락적 향유로 소비되고 있다는 것이 안타깝다.

　　사회가 나서서 그들에게 가치관이나 세계관을 고민하고 다양한 문화적 경험을 할 수 있는 기회를 마련해 주어야 한다. 청소년을 성장하게 하는 일은 나무를 심는 일과 같다고 한다. 작은 묘목이 자라서 큰 나무가 되고 버팀목이 될 때까지는 무수히 많은 사랑과 정성이 필요하다.

열심히 공부해 대학을 가야만 성공하는 시대는 이미 끝났다. 학교 교육도 많이 변화하고 있다. 2016년부터 일부 중학교에서는 한 학기를 자유학기제로 운영한다. 이때 진로 탐색 활동을 한다. 꿈과 끼를 찾고 진로 적성을 파악한다. 진로 방향에 따른 방과 후 학습 및 음악, 미술, 체육 등 특기적성 수업과 자격증 수업 등으로 미래를 준비한다. 우리 청소년들은 이렇게 자신에게 맞는 진로를 찾기 위해 노력을 아끼지 않는다.

문제는 소외 계층의 청소년들이다. 이 아이들은 가정불화, 부모의 이혼 등으로 자존감이 낮고 심리적으로 매우 불안해 방황하는 청소년기를 보내고 있다. 물론 경제적으로 부유하고 부모가 교육에 관심이 많은 가정의 자녀들도 성적이나 친구관계 고민 등으로 불안해하고 방황하는 것은 마찬가지다.

많은 청소년들이 가정이나 학교에서 당연히 배워야 할 소중한 가치들을 배우지 못한다. 특히 소득불균형으로 인한 빈부격차나 부모의 이혼 등으로 경제적, 심리적으로 불안한 청소년들이 늘어 가고 있다. 이러한 청소년들을 사회 구성원으로 바로 세우기 위한 프로그램이 절실하다. 이에 나는 오래전부터 청소년들을 위한 '문화 클리닉 센터' 설립을 생각해 왔다. 나는 '문화 클리닉'을 '문화 활동을 통해 청소년의 아픔과 상처를 치유하며 심리적으로 안정감을 회복시켜 주는 일련의 활동'이라고 정의했다.

내가 교직에 있을 때의 일이다. Y는 그날도 수업 시작 5분도 채 안 되어 엎드리더니 꿈을 꾸기 시작했다. 언제나 수업시간에만 꿈꾸는 아이들! 요즘 흔히 보는 교실에서의 안타까운 모습이다. 방과 후 Y와 대화해 보았다. 공부가 너무 싫어서 아무것도 하고 싶지 않고 빨리 졸업해 돈이나 벌고 싶다고 했다. 노래를 좋아한다고 하기에 합창반에 가입하도록 권유했다. 어느 날 놀라운 장면을 목격했다. Y가 기쁨에 찬 표정으로 지휘자 선생님의 지도에 따라 온 정성을 다해 노래를 부르고 있는 게 아닌가! Y를 가르친 2년 동안 그렇게 진지하게 몰입하는 모습을 처음 보았다.

Y 외에도 공부에 취미를 못 붙이거나 가정불화 등으로 학교생활에 적응하지 못하는 학생들이 많았다. 그 아이들과 함께한 기악합주반 활동은 많은 가능성을 열어 주었다. 기악합주반이지만 지금껏 한 번도 악기를 제대로 잡아 본 적이 없는 학생들이 대부분이었다. 그러나 강사들의 세심한 지도로 학생들은 점점 달라지기 시작했다.

1년간의 합주활동을 통해 자신의 꿈을 발견하기도 하고, 친구들과의 협동, 소속감 등을 자연스럽게 배워 가면서 변화되어 갔다. 지각과 결석을 수없이 했던 아이들은 지각, 결석 횟수가 줄었고 표정에는 자신감과 생동감이 넘쳤다. 합창을 통해서도 학생들은 서로를 배려하는 정신을 배웠다. 합창은 나의 소리가 튀지 않게 하며 다른 사람의 목소리를 들어야 하는 행위다. 우리가 사는 사회도 나의 목소리를 낮추고 다른 사람에게 집중할 때 아름다운 하모니가 완성된다.

이렇듯 문화 활동이 기반이 될 때 청소년들의 의식이 성장하며 소중한 가치관을 정립할 수 있다. 나는 아이들의 변화를 지켜보면서 청소년들의 의식을 성장시키는 교육방법에 대해 고민하게 되었다. 그러던 중 불우한 청소년들에게 꿈과 희망을 준 베네수엘라의 '엘 시스테마' 교육에 대한 〈경기일보〉의 기사를 읽게 되었다.

"음악이 세상을 바꿀 수 있을까? 저소득층 아이들을 위한 베네수엘라의 무상 음악교육 '엘 시스테마(El Sistema)'는 이 케케묵은 질문에 대해 '그렇다'고 웅변하는 가장 강력한 증거다. 범죄와 우울, 소외의 그늘에 갇힌 채 자라는 아이들에게 악기를 주고, 음악을 가르쳤다. 이 사소한 미동은 그러나 엄청난 파동을 불러왔다. 음악을 접하고 아이들은 급격하게 변화하기 시작했다. 그늘진 얼굴에도 미소가 번졌다. 난생처음 '꿈'이란 것을 가지게 됐고, '희망'에 설레기도 했다. 1975년 시작 이후, 40여 년이 흐른 현재, 30만 명이 넘는 베네수엘라 청소년들이 엘 시스테마를 거쳐 갔다. 이곳 출신 음악가도 하나둘 생겨났다. 이들에게 음악은 단순 활동이 아니라 아래로부터의 혁명이었다. 이후 '엘 시스테마'는 베네수엘라의 자랑이자, 전 세계가 배우고 싶은 모델이 됐다."

우리나라에서도 이와 같은 엘 시스테마 교육이 많이 시도되고 있다. 저소득 계층뿐만 아니라 다문화 가정 자녀까지 아우르며 범주를 넓히고 있다고 한다. 나에게도 의미 있는 도전이라 생각한다.

엘 시스테마 지도의 핵심은 소통이다. 대표적인 것으로 '또래 학습'이 있는데, 실제 베네수엘라 엘 시스테마 교육에서 활용하는 방법이다. 서로가 서로에게 멘토와 멘티가 되어 주는 교수법이다. 선배 단원들은 파트 연습 시간에 배운 것을 후배 단원에게 알려 주며 스스로 복습효과를 얻고, 후배 단원들은 부족한 부분을 채우는 일석이조의 방법이다. 이를 통해 합주의 기본인 협동과 배려, 소속감, 책임감의 가치들을 자연스레 체득할 수 있다.

현재 각 지역사회 기관에서 운영하는 다양한 청소년 문화센터가 있다. 내가 설립할 '문화 클리닉 센터'에서는 음악뿐만 아니라, 인생에 큰 영향을 주는 독서, 책 쓰기, 미술 등을 통해 청소년들의 정서발달을 돕는 일을 할 계획이다.

베네수엘라의 엘 시스테마 교육이 많은 소외된 우울한 청소년들을 살렸듯 문화 클리닉도 아이들의 생활뿐만 아니라 태도, 의식에까지 영향을 미치길 바란다. 그로 인해 꿈과 희망을 품게 만들 것이다. 무엇보다도 아이들에게 사회와 소통하는 방법을 배우게 할 것이다. 또한 한 부모 가정 등 삶이 어렵고 소외된 청소년들을 대상으로, 자존감을 살려 주고 꿈과 희망을 품게 하여 성공하는 사회인으로 진출할 수 있도록 도울 것이다.

특히 의미를 두는 것은 '문화 클리닉 센터'에서 체험한 귀중한 것들을 이웃과 함께 나누는 일이다. 지역사회 복지시설과 의료기관을 방문해 소외된 이웃들에게 음악을 선물할 것이다. 이를 통해 아이들이 나눔의 의미를 배우고, 세상과 어울려 사는 법을 터득하게 할 것이다. '소아암 어린이들에게 책 읽어 주기', '나의 이야기책 만들기' 등의 프로그램은 독서를 좋아하는 청소년들의 몫이다. 이렇게 사회와 소통하는 법을 배워 나갈 때마다 청소년들은 한 뼘씩 더 성장할 것이다.

나는 오늘도 꿈꾼다. 우울한 청소년들이 꿈을 펼치고 가능성을 발견할 수 있는 문화 활동 터전을 구현할 것을. 그래서 대한민국이 해맑은 청소년들의 활동 무대가 되기를….

스토리가 있는
행복한
음악여행 가기

삶은 외로운 여행길이다. 우리에게는 늘 친구가 필요하다. 나의 가장 오랜 친구는 음악이다. 음악처럼 순간을 충만하게 채워 주는 것은 없다. 형체가 있는 것도 아니고 보이지도 않지만, 공기를 통해 소리가 전달되는 순간 음악은 놀랍도록 직접적이고 즉각적인 힘을 발휘한다.

김강하 작가는 저서 《힐링 클래식》에서 "음악 속에는 음악가 개인의 생각이나 열정과 고뇌에 찬 시대정신뿐만 아니라 인류가 오랜 역사를 통해 추구해 온 마음과 기억도 담겨 있죠. 그렇기 때문에 음악은 가능한 것이 많습니다. 아무런 제약 없이 시공을 초월해 수백 년의 역사를 순식간에 오갈 수 있을 뿐 아니라, 누구에게나 힘이 되고 힐링이 되는 한결같은 친구가 되어 줍니다."라고 말했다.

나는 어렸을 때 라디오에서 흘러나오는 노래를 듣거나 음악시간에 노래를 부르는 것을 좋아했다. 중·고등학교 시절 음악시간에 자주 듣고 불렀던 드보르작의 '신세계 교향곡'은 어른이 된 지금도 마음에 진한 감동을 준다. 드보르작이 표현한 '신세계'는 어디일까? 신세계를 찾아 떠나고 싶은 간절한 마음은 여행을 꿈꾸게 했다. 또한 슈베르트의 '겨울 나그네' 중 다섯 번째 곡인 '보리수'를 들을 때면 보리수나무 아래서 가슴 아픈 작별을 하고 있는 나그네의 모습이 떠오른다. '보리수'가 탄생한 힌터뷜로 훌쩍 떠나 보리수나무 그늘 아래서 단꿈을 꾸어 보고 싶다.

나는 음악을 함께 나누는 사람들과 떠나는 행복한 음악여행을 꿈꿔 왔다. 음악이 우리에게 기쁨을 주는 친구이듯 여행도 치유와 행복을 주는 선물이기 때문이다.

왈츠의 나라 오스트리아 빈으로 연주여행을 갔던 일이 생각난다. 도나우 강을 돌아 도시의 3배나 되는 넓은 녹지가 펼쳐져 있었다. 빈 시내에서 가까운 칼렌베르크 언덕은 음악과 함께 산책하기 좋은 곳이었다. 또한 빈 시내 반대편, 도나우 강 왼편에 있는 노이부르크 수도원을 방문한 적이 있다. 이곳은 유명한 와인 산지기도 하다. 나는 수도원 건물의 장엄함과 작곡가 안톤 부르크너가 연주했던 파이프오르간의 놀라운 음색에 매혹되었다. 빈의 바덴 계곡 사이를 지나가는 시원한 바람과 온천수 또한 매력적이었다. 또한 빈은 베토벤이 교향곡 6번 '전원'을 작곡한 곳이기도 하다.

다음은 오스트리아의 도시들 중 가장 아름다운 도시인 모차르트의 고향 잘츠부르크로 떠나 보자. 알프스에서 흘러나온 잘자흐 강이 신시가지와 구시가지를 흐르는 이 아름다운 도시에서 보석같이 빛나는 음악을 만들어 낸 모차르트를 만날 수 있다. 그 외에도 잘츠부르크 음악제와 영화 〈사운드 오브 뮤직〉의 배경이 되었던 미라벨 정원, 국립 오페라 극장 등을 볼 수 있다. 유럽 음악 도시에 깃든 클래식 선율과 예술가들의 삶의 흔적을 찾아 떠나 보자. 우리의 메마른 영혼을 잠시나마 촉촉이 적셔 주는 청량제가 될 것이다.

바쁘게 살면서도 좋아하는 일에 몰입하는 것은 큰 꿈을 가지고 넓은 세계로 도약할 수 있도록 해 준다. 교사 오케스트라와 청소년 교향악단 내레이터 등을 하며 유럽, 일본 등을 순회 연주한 경험은 나에게 음악여행을 기획할 수 있도록 용기를 주었다.

나의 음악여행 1차 예정지는 모차르트, 슈베르트, 요한 슈트라우스 그리고 카라얀의 나라 오스트리아다. 다음은 베토벤, 바흐, 헨델, 멘델스존, 브람스, 슈만 등을 배출한 독일, 3차는 오페라의 나라 이탈리아, 이어서 독일이나 이탈리아에 비해 상대적으로 덜 알려졌지만 누구나 멜로디를 듣고 나면 '아하!' 하고 무릎을 칠 음악이 많은 나라 프랑스에 갈 것이다. 5차 예정지는 매년 5월이면 열리는 '프라하의 봄' 음악축제로 온 도시가 떠들썩한 작곡가 스메타나와 드보르작의 나라 체코 등이다. 그동안 즐기며 틈틈이 준비해 온 음악 이야기는 함께 떠나는 여행자들에게 큰 감동과 추억이 될 것이다.

음악여행을 하는 방법에는 여러 가지가 있다. '예술의 전당'과 같은 공연장에서 진행하는 오케스트라 연주회에 가거나, 영상을 보며 사회자의 해설과 함께 가상으로 음악여행을 떠날 수 있다. 또한 여행사에서 짜 놓은 일정대로 떠나는 음악여행도 있다.

우리나라는 아직도 클래식 음악이 대중화되지 않아서 음악회나 해외로 떠나는 음악여행 등은 고가의 비용이 든다. 음악을 좋아하지만 경제적으로 부담이 되는 사람들은 선뜻 떠나기 힘들다. 특히 소외 계층의 청소년들은 생각조차 할 수 없을 것이다. 나는 그들을 위해 기업과 정부의 문화예술활동 지원을 받을 수 있도록 노력할 것이다. 특히 정부의 정책우수과제인 문화체육관광부의 소외·특수 계층의 문화예술교육 지원 사업 등으로부터 경비를 지원받는 기획서를 작성할 예정이다. 뜻이 있는 곳에 길이 있다고 반드시 이루어지리라 확신한다.

〈위닝북스〉 권동희 대표의 저서 《당신은 드림워커입니까》를 읽고 '나이 먹어 꾸는 꿈도 이루어질까' 하는 의심이 사라졌다. 내가 꾸는 꿈은 바로 그녀가 꾸었던 미친 꿈이다. 권동희 대표는 책에서 이렇게 말한다.

"내가 과거에 미친 꿈을 가졌듯이 당신도 당신만의 미친 꿈을 가져라! 꿈을 꾸는 순간부터 모든 신경과 감각은 그 꿈에 대해 예민하게 반응할 것이다. 이루고 싶은 꿈이 있다면 자연스레 그 분야에 대해 관심이 더 가는 법이다. 어떤 이에게는 흘러가는 정보들이 꿈이 있는 자들에게는 기회가 되며, 인생의 역전의 순간이 된다."

나는 청춘이 이미 지나간 사람이다. 하지만 도전하지 않고 모험하지 않는 20대, 30대보다 꿈의 실현을 위한 도전과 열정으로 살아가는 내가 청춘이라 생각한다. 친구와 '문화 클리닉 센터 설립과 스토리가 있는 음악여행 기획'에 대해 대화를 나눈 적이 있다.

"퇴직 후에도 도전과 열정으로 사는 모습이 정말 멋있다. 너는 언제나 꿈이 있는 역동적인 사람이었어. 꼭 이룰 수 있어."

그녀의 긍정적인 말 한마디는 내게 이미 다 꿈을 이룬 것 같은 기쁨을 주었다. 우리는 해 보지도 않고 '안 된다'라는 생각을 너무 쉽게 한다. 그런 부정적인 말은 변명거리만 만들어 낼 뿐이다. '된 다', '할 수 있다'라는 긍정적인 말은 어떠한 난관에서도 할 수 있 는 방법을 찾게 만든다. 성공하는 사람들은 무엇이든 해낼 수 있 다는 믿음을 갖고 있다.

"내게 능력 주시는 자 안에서 내가 모든 것을 할 수 있느니라."

내가 늘 암송하며 힘을 얻는 성경 구절이다. 오늘도 하나님이 주시는 능력으로 모든 일을 할 수 있다는 믿음을 갖고 꿈을 향해 달린다. 스토리 있는 행복한 음악여행을 떠나는 날을 기대하며….

한강이 내려다보이는
음악 감상실에서
문화 향유하기

나는 가끔 한강변을 드라이브한다. 눈앞에 펼쳐지는 파노라마는 가히 영화의 한 장면이다. 맑고 드높은 푸른 하늘 아래 잔잔한 수면 위에 떠 있는 유람선과 자전거를 타는 사람들, 조깅하는 사람들, 강아지와 함께 산책하는 사람들…. 보는 것만으로도 행복에너지가 넘친다. 탁 트인 한강 위에서 눈부신 태양과 바람을 만끽하는 요트, 윈드서핑, 카약 등 이국적인 수상 스포츠도 볼 수 있다.

야경 또한 황홀하다. 야경이 한눈에 들어오는 나의 음악 감상실에서 바흐의 '커피 칸타타'를 들으며 책을 읽는다. 한 장의 평화로운 그림 같다. 차 한 잔을 마시며 흘러가는 강물과 철새가 노니는 장면을 바라보는 모습을 상상하면 나는 이미 그곳에 있다.

삶은 바삐 지나가는 하루의 연속이다. 나를 위한, 나만의 공간이 절실하다. 번잡함의 상징과 같은 서울에서 나의 영혼을 달래줄 공간을 만들고 싶다. 그것도 음악과 함께 말이다. 복잡한 이태원 거리를 지나 한강진역으로 향하는 도로변에 이르면 나무 벽돌 1만 장 이상을 쌓아 외관을 꾸민 스피커 모양의 독특한 건물을 볼 수 있다. 음악과 미술을 접목한 사운드 갤러리 '스트라디옴'이다. 세계적인 바이올린 명기의 대명사 '스트라디바리'와 음악당이나 극장을 뜻하는 '오디옴'의 합성어로, 음악 감상 공간이다. 이곳을 보며 나만의 음악 감상실을 만들고 싶다는 꿈을 키웠다.

이태원의 스트라디옴이 음악과 미술을 접목한 '사운드 갤러리'라면 나의 스트라디옴은 음악과 책이 공존하는 '북 앤 뮤직 갤러리'다. 때로는 편안한 찻집에서 오랜 친구와 이야기하듯 음악과 삶의 이야기로 소통하며 공감하는 곳으로 만들고 싶다. 지친 나에게 언제나 활력을 불어넣어 줄 것이다.

성악가 류정필은 칼럼 〈류정필의 음악 이야기〉에서 "음악은 보통 인간에게 정서적 안정감을 준다. 음악에는 기쁨을 더욱 기쁘게 하고 슬픔을 더욱 슬프게 하는 힘이 있다. 사람이 감정을 다스리고 균형을 찾는 데 도움을 주기도 한다. 음악은 분위기를 극대화하는 수단으로 사용되곤 하는데 쉬운 예로 영화나 드라마 속 배경음악의 효과를 들 수 있다. 배경음악이 없는 영화를 어떻게 상상이나 할 수 있겠는가."라고 말했다. 이렇듯 음악은 복잡한 세상을 살아가는 누구에게나 필요한 것이다.

중·고등학교 시절, 내가 가장 부러워했던 친구는 집에 전축이나 피아노가 있는 친구였다. 듣고 싶은 노래가 실린 LP 레코드를 꽂고 트랙을 찾은 뒤 바늘을 얹으면 음악이 나왔다. 무척 부러웠다. 세월이 흘러, 신혼 때 남편과 함께 버킷리스트를 작성한 적이 있다. 2년 안에 하고 싶은 버킷리스트 중 하나가 '오디오 구입하기'였다. 그 후 나의 수준에 맞는 오디오를 구입해 초보자로서 음악 감상을 하기 시작했다.

의학박사이자 작가인 최현석은 저서 《인간의 모든 감각》에서 "음악 감상이란 음악을 완성하는 활동이다. 음악 활동에는 음악을 만드는 작곡자, 음악을 음으로 표현하는 연주자, 음악을 듣는 감상자 등 세 부류의 사람들이 존재한다. 작곡자는 악보를 통해 연주자의 활동을 통제하고, 연주자는 악보를 해석해 감상자가 듣도록 음을 만들어 낸다. 그리고 감상자는 음악을 완성한다."라고 했다. 음악을 완성하는 자가 바로 '음악 감상자'라는 그의 말에 공감한다. 지속적인 음악 공부로 더 퀄리티 있는 음악의 완성자가 되고 싶다.

지난해 12월, 이태원에 들어선 '뮤직 라이브러리'에서 음악을 감상하고 음악 관련 서적을 보며 아날로그적 감성을 만끽한 적이 있다. 그곳에는 아날로그 음반 1만여 장과 음악 관련 서적 3,000여 권이 있었다. 이곳에서 받은 문화적 충격은 신선한 자극으로 다가왔다. 아날로그적 감성과 다양한 음악 경험을 축적해 나의 공간에 실현하고 싶었다. 이런 경험들은 음악 감상의 필수 도구인 오디오에 더욱 관심을 기울이게 했다. 동시에, '음악가들이 상상한 최고의 음악을 더 좋은 소리로 들을 수 있는 음악 감상실을 갖추자. 한강의 파노라마가 펼쳐지는 나의 드림하우스에서!'라고 결심하게 되었다.

친구의 사진전을 보러 간 적이 있다. 그림을 찍은 사진전이었다. 사진의 해상도가 낮아 재연된 그림이 덜 선명하고, 색채가 실제 그림처럼 자연스럽지 못했다. 물론 원화를 보았다면 부족한 사진을 보고도 원화를 상상하며 나름대로 그림을 즐길 수 있었을 것이다. 그러나 원화를 언제든지 감상할 수 있는 사람이 과연 얼마나 될까?

음악도 마찬가지다. 내가 초창기에 마련했던 오디오는 경제적인 여유도 없고 오디오에 대한 상식이 부족할 때 구입한 것이었다. 오디오 가이드북에 의하면 음원과 오디오의 해상도가 낮은 것은 음악이 덜 선명하고, 미세음향은 실제 연주장에서 듣는 소리처럼 자연스럽지 못하다고 한다. 감상자가 그 음악을 제대로 즐길 수 없는 것이다. 물론 그 음악을 잘 알고 연주장에서 많이 들었던 사람이라면, 부족한 음향을 듣고도 연주회에서의 기억을 떠올리며 음악을 나름대로 즐길 수 있을 것이다. 그러나 연주 음악을 언제든지 감상할 수 있는 사람이 과연 얼마나 될까?

나는 고음질로 듣고 고화질 영상을 즐길 수 있는 하이엔드 홈시어터 시스템을 구축할 것이다. 홈시어터 시스템은 연주장에서 느끼는 감동을 가정에서 구현하기 위한 것이 주된 목적이다. 극장의 큰 스크린에서 뿜어져 나오는 생생한 화질과 지축을 울리는 화려한 음향효과를 가정에서 느끼고 싶다. 오페라 무대와 조명, 가수들의 열창 그리고 화려한 의상 등을 직접 느껴 보고 싶다. 대형 화면에서 구현되는 푸치니의 오페라 〈투란도트〉의 음향과 현란한 의상 및 무대는 공연장에 버금가는 감동을 줄 것이다. 앨범 재킷으로만 보던 현대 최고의 명연주자 마르타 아르헤리치가 내 앞에서 피아노 연주를 한다면? 생각만 해도 가슴 뛰는 일이다.

"사람은 자기가 투자한 것에 대한 보상을 받으면 즐거움을 느낀다. 음악 감상에서 투자는 음악 내용을 이해하려는 정신 집중이며 그에 대한 보상은 즐거움이다. 베토벤의 교향곡을 듣는 것은 친숙한 유행가를 듣는 것보다 훨씬 더 정신 집중이 필요하지만 그만큼 그것을 이해하고 느끼는 기쁨도 훨씬 더 크다."

《인간의 모든 감각》에 나오는 구절이다. 좋아하는 일에 시간과 노력을 투자하는 일은 큰 즐거움과 가치를 가져다준다. 클래식 애호가라면 누구나 한 번쯤은 빈 필하모닉 오케스트라, 일명 '빈 필'이 연주하는 신년음악회에 꼭 가 보고 싶을 것이다.

나는 특히 세계에서 가상 홀륭한 사운드 특성을 기지고 있다는 '빈 무지크페어라인 홀'에서 빈 필의 신년음악회를 듣고 보고 싶다. 실제 연주를 보고 듣는 감동은 사실 그 무엇에 비할 수 없다는 것을 모르는 사람은 없다. 그렇다고 해마다 비엔나까지 날아갈 수는 없지 않은가? 이 음악회는 매년 1월 1일 전 세계에 TV로 중계된다. 나의 음악 감상실에서 유유히 흐르는 한강을 내려다보며 빈 필 신년음악회의 감동을 만끽하는 모습을 종이에 힘주어 적었다.

종이에 적는 순간 꿈은 현실이 된다고 한다. 이미 다 이루어졌다는 믿음으로 오늘도 나의 시간을 디자인한다.

버

킷

리

스

트

9

| Chapter 4 |

배움을 멈추지 않는
풍요로운 삶

강장미

강장미

공무원, 대학교 직원

국립대학교에 근무하고 있으며 직원 채용, 직원교육 업무 및 자기계발 분야에 관심이 많다. 신입사원들을 대상으로 조직 이해, 공문서 작성방법 등 직무교육 사내강사로 활동하고 있다. 이미지 컨설팅 및 대학생 진로 코칭을 준비 중이며, 현재 개인저서를 집필 중이다.

| E-mail learn@cnu.ac.kr

책 읽는 공무원에서 책 쓰는 공무원 되기

스무 살 무렵, 서머싯 몸의 《달과 6펜스》라는 책을 읽은 적이 있다. 예술적 고뇌에 사로잡힌 화가의 이야기를 그린 이 책을 읽으며, 나도 진정으로 하고 싶어서 못 배길 일이 생긴다면 그처럼 훌훌 떠나서 새롭게 시작하고 싶다고 생각했다. 그로부터 23년이 지났지만 '달'의 세계에서 살고 싶은 나는 여전히 '6펜스'의 세계에서 살고 있다.

나에게 공무원이란 세상에서 제일 고리타분한, 그래서 누가 그냥 시켜 준대도 하기 싫은 직업이었다. 그랬던 내가 2000년 여름, 서울시 교육청 교육행정직 9급 공무원이 되었다. 갑자기 불어닥친

IMF 이후 취업이 쉽지 않은 세대였기에 그때의 기쁨은 생각보다 컸다. 더욱이 다니던 대학을 부모님과 단 한마디 상의도 없이 멋대로 그만두고 다시 치른 대입 시험에 두 번이나 떨어지고 나서야 정신을 차린 상태였다.

늦게나마 학과를 바꾸어 밤에는 대학에서 공부하고 낮에는 공무원 시험을 준비하던 처지에 붙었으니 사실 기쁨보다는 안도 감이 훨씬 컸던 것 같다. '이제는 동네 골목길에서 어릴 적 친구와 마주쳤을 때 피하지 않아도 되는구나. 더는 김밥 한 줄로 끼니를 해결하지 않아도 되는구나. 나도 내 앞가림을 할 수 있게 되었구나. 앞으로는 수험서가 아닌, 읽고 싶은 책을 마음껏 읽을 수 있겠구나…' 하고 말이다.

필기시험 합격자 발표를 처음 확인했을 때는 '내가 정말 합격한 게 맞는 걸까?' 하는 생각에 좋으면서도 믿기지가 않았다. 매년 공무원 수험생에 직장인과 퇴직자까지 가세해 경쟁률이 치솟고 있지만, 당시에도 이미 노량진에 가득 찬 공무원 수험생들 중에서 합격자를 찾기란 쉽지 않았다. 시험을 준비하는 사람은 봤어도 붙은 사람은 못 봤는데 어떻게 공부했느냐는 질문을 받기도 했다. 상대적으로 준비기간이 짧았던 것을 생각하면 참으로 감사한 일이었다.

한편으로는 뭔가 착오가 있어서 사실 불합격이었다는 통보가 올 것만 같았다. 기쁘기도 하고 불안하기도 한 마음에 하루에도 몇 번씩 다시 확인했다. '면접에서 떨어지면 어떻게 하지? 면접까지 확실히 붙으면 그때 가족들에게 얘기해야지' 하며 며칠 동안 혼자만 알고 있었다. 면접시험을 보려면 정장이 필요했기 때문에 결국 부모님께 말씀드렸지만 말이다. 행정고시도 아닌 9급 시험에 붙은 것을 대견하게 여겨 주신 부모님께도 감사했다. 그렇게 시작한 공무원 생활은 어느덧 16년이 흘러 이제는 어엿한 중간관리자가 되었다.

그런데 고민이 생겼다. 직장에서의 하루하루는 왜 이렇게 바쁘기만 한 건지, 내가 살아 있기는 한 건지, 앞으로 10년 후에도 이렇게 살아야 하는지 하는 고민들이 해가 바뀔 때마다 쌓여만 갔다. 나는 맡은 일의 전문가로 성장하기를 원했다. 후배들의 롤모델이 되고 싶었고 나 또한 인생의 멘토를 만나고 싶었다. 그러나 시간이 지나 경력이 쌓일수록 그런 마음은 그저 바람일 뿐이었다.

아무런 보람도 성취도 없는 하루를 보내고 나면 퇴근길에 동네 영화관을 찾았다. 영화는 우울한 일상을 잊게 해 주는 나만의 스트레스 해소책이었다. 하지만 이제 영화를 보는 시간도 아까워졌다. 《7가지 성공 수업》, 《10년 차 직장인, 사표 대신 책을 써라》, 《서른여덟 작가, 코치, 강연가로 50억 자산가가 되다》 외 200여 권의 책을 쓴 〈한책협〉의 김태광 대표를 만났기 때문이다. 책을 써야 하고, 책을 쓰기 위해 읽어야 할 책만으로도 하루, 한 시간,

1분이 모자랐다.

"한 분야에서 10년 이상 종사한 전문가들은 모두 책을 쓸 수 있어야 한다."

양병무의 저서 《일생에 한 권 책을 써라》에 나오는 말이다. 또한 한근태의 《나에게 사표를 써라》에는 다음과 같은 내용이 있다. 당신이 전문가인지 아닌지 알고 싶다면, 다음 사항을 체크해 보아라. 괄호 안은 내가 체크한 것이다.

- 내가 맡은 분야의 저서가 있다. (없다.)
- 이 분야에 대해서는 누구와 맞붙어도 이길 자신이 있다. (글쎄.)
- 내 일을 대신할 사람을 찾는 건 만만치 않은 일이다. (누구라도 할 수 있을 거야.)
- 사내의 누구나 나를 이 분야의 일인자로 인정한다. (대체 가능하지.)
- 수시로 헤드헌터들의 유혹을 받는다. (공무원 조직은 조금 맞지 않는 것 같으니까 패스~)
- 언제 그만두어도 갈 곳이 있다. (없다.)

16년 동안 나는 어떻게 살아온 것일까? 일을 통해 나 자신이 나아졌나? 직장생활 내내 나에게 맞는 일은 무엇인지, 내가 제일 잘할 수 있는 일은 무엇인지 수없이 생각했다. 열심히 하는 것도 중요하다. 그런데 '잘'하는 것은 더 중요하다. 누군가는 공무원이고 대학교에서 근무하는데 무얼 더 바라느냐고 묻는다. 나는 늘 오늘보다 내일은 더 나아야 한다고 생각했다. 안주하고 싶시 않았고 나태해지고 싶지 않았고 늘 변화된 나, 어제보다 나은 나를 갈망했다. 그래서일까. 나는 특별한 사람이 아니라는 생각과 달리 늘 남들과는 조금 다르다는 말을 들어 왔다. 하지만 딱 거기까지였다. 후배, 동료, 상사의 칭찬이 진심이라 해도 나 스스로는 만족할 수 없었고 보람이 없었다.

이제라도 그동안의 공직생활을 되돌아보고 동료와 후배 공무원들에게 동기부여해 줄 수 있는 자기계발 책을 쓰고, 강연하고 싶다. 책 쓰기를 통해 나 자신과 마주 보고 나의 잠재력을 확인하고, 지금까지와는 다른 삶을 꽃피우고 싶다.

영국의 철학자 버트런드 러셀은 "우리의 고민은 어떤 일을 시작한 탓에 생기는 것이 아니라 주로 할까 말까 망설이는 데서 발생한다. 중요한 것은 무언가를 하겠다고 결심하는 일이다. 미리 실패를 예상하고 두려워할 필요는 없다. 망설이는 것보다 불완전하더라도 일단 시작하는 것이 한 걸음 앞서가는 길이다."라고 했다.

나는 1,000권의 책을 읽은 사람보다는 한 권의 책을 쓴 사람이 되고 싶다. 전문적인 지식은 없지만 그래도 가장 할 이야기가 많은 것은 역시 공무원의 세계다. 공시생들에게는 수험생활 이야기, 예비·새내기 공무원에게는 면접 준비 및 직장 예절 등에 대해, 동료 및 직급별 공무원에게는 자기계발과 동기부여, 5급 이상 공무원에게는 메신저의 삶에 대해 이야기해 주고 싶다.

비행기는 이륙할 때 연료의 80%를 쓴다고 한다. 그만큼 출발이 힘들다는 말이다. 인생도 일도 시작이 제일 어렵다. 너무 이것저것 재고 고민하기 때문이다. 그래도 일단은 시작을 해야 뭐라도 할 수 있다.

나는 더 이상 안정을 원하지 않는다. 나는 변화를 원한다. 나의 생각, 일상, 내일이 오늘보다 더 설레고 풍요로워지기를 원한다. 나는 어제보다 나은 오늘, 오늘보다 나은 내일을 만들어 가는 사람들과 인생을 나누기를 원한다. 이제는 달라지고 싶다. 아니, 달라질 것이다. 나 자신을 의심하지 말자. 부정의 말이 아닌 긍정의 말을 하자. 나 자신을 믿고 시작하자.

보디 프로필 찍기 & 딸과 워터파크 놀러 가기

나는 유치원생 때를 제외하고는 수영복을 입어 본 적도, 수영장에 가 본 적도 없다. 해마다 휴가철이면 TV에서 보여 주는 해수욕장의 인파도 나에게는 그저 남의 일일 뿐이었다. 작열하는 태양 아래 반짝반짝 빛나며 출렁이는 바다와 한없이 맑고 깨끗한 하늘, 해외의 그림 같은 휴양지는 그야말로 그림의 떡이었다. 멋지다고 감탄은 하면서도 가 보고 싶다는 생각은 하지 않을 만큼 여름 물놀이에 무관심하게 살아왔다.

30여 년 전 일어난 커다란 사고는 내 인생을 바꿔 놓았다. 어느 겨울, 외할머니 댁에 놀러 갔던 나는 그만 부뚜막에 걸려 있던 솥에 풍덩 빠져 버렸다. 그때 나는 털실로 짠 바지를 입고 있었다. 펄펄 끓는 물에 오그라질 대로 오그라진 바지는 다리에 찰싹 들러붙어 떨어질 줄을 몰랐다. 모락모락 뜨거운 김이 몸에 더 스며들기 전에 바지를 얼른 벗겨 내야만 했다. 외할머니와 엄마는 자지러지는 나를 붙잡으랴, 바지를 찢으랴 부엌은 그야말로 난장판이었다.

겨우 바지를 벗겨 낸 뒤 엄마는 나를 업고 마구 달렸다. 나는 엄마가 어디로 가는 것인지 알 수 없었다. 그저 엄마의 등에 업힌 채 어딘가 무서운 곳으로 가는 것은 아닐까 두렵기만 했다. 혼비백산해 나를 업고 병원으로 달리던 엄마는 그때 어떤 심정이었을까. 이 글을 쓰고 있는 지금에서야 엄마도 나만큼이나 두려웠을 거라는 생각이 든다.

소주로 대충 수습한 외할머니의 응급처치, 시골 병원에서의 치료…. 모든 것이 좋지 않았다. 병원에 입원하게 되었고, 붕대를 감았다 풀었다 하는 것이 하루 일과였다. 붕대를 풀 때마다 피인지 고름인지 알 수 없는 액체들이 흘렀고, 팔다리는 부풀어 오른 젤리 같았다. 자세히 쳐다보지도 못할 만큼 너무나 고통스러웠다. 당시 귀했던 바나나 등의 과일이 늘 머리맡에 있었지만 매일 반복되는 아픔을 잊기에는 어림도 없었다.

병원에서 얼마나 시간을 보냈을까. 치료는 끝났지만 온몸이 비

틀어지듯 아팠던 보람도 없이 내 팔다리에는 짙은 흉터가 남았다.

초·중·고등학교를 다니는 내내 여름이 오는 것이 싫었다. 때론 팔이 왜 그러냐고 묻는 친구들도 있었다. 누가 물어보면 물어봐서 싫었고, 안 물어보면 '궁금할 텐데 왜 안 물어볼까' 하는 생각에 싫었다. '이번 여름은 어떻게 지내지' 하고 여름이 오기 전부터 걱정이 되기도 했다.

흉터가 눈에 잘 띄는 왼팔은 나도 모르게 행동반경이 줄어들었다. 앞에서는 보이지 않지만 뒤꿈치에 흉터가 있는 오른팔도 보이고 싶지 않은 마음은 마찬가지였다.

아빠는 이런 나를 보며 누구보다 속상해하셨다. 맥주 반 잔도 못 드시는 아빠가 어느 날인가 약주를 하시고는 내 팔을 잡고 흉터를 쓰다듬으며 괴로워하시던 모습이 가끔 생각난다.

때로는 '왜 하필 나인가' 원망도 했고, 나를 밀쳐서 솥에 빠지게 한 옆집 남자아이를 걷어차고 싶기도 했다. 고등학생 때는 아빠의 권유로 여름 교복을 긴 소매로 맞춰 입기도 했다. 얼마나 우스꽝스러웠던지…. 부모님을 생각해서라도 아무렇지도 않은 듯 지내야 했다. 나중에서야 생각을 바꾸어 남들처럼 반팔을 입고 다녔다.

대학생 때는 팔의 흉터를 가리기 위해 여름이면 너울너울 긴 소매의 시폰 블라우스 등을 입기도 했다. 그래서 본의 아니게 후배들에게 '좀 특이한 언니'라는 소리를 듣기도 했다. 지금 생각하면 그저 웃음이 나는 얘기다. 다행히 나이가 들면서 점차 흉터에 무뎌지고 마음에도 여유가 생겼다. 다니던 직장의 사무실은 여름에도 긴 소매 재킷을 입는 것이 자연스러울 만큼 시원했다. 정장을 입는 남자들도 많아서 마치 자유인이 된 것 같은 기분마저 들었다.

그런데 딸아이가 태어나면서 마음이 다시 무거워졌다. 아이에게는 절대 흉터가 생겨서는 안 된다는 생각에 아이를 부엌 근처에는 얼씬도 못하게 했다. 아이가 자라면서는 아이의 물놀이가 고민이었다. 더운 여름, 아이들에게 물놀이만 한 즐거움이 또 있을까? 해마다 여름이면 빠질 수 없는 것이 물놀이인데 워터파크나 바다에 놀러 가고 싶어도 자꾸만 내 흉터가 마음에 걸렸다.

수영복 때문에 드러날 몸매도 걱정이지만 '남들은 다 수영복을 입는데, 나 혼자 수영복을 입지 않아도 입장이 가능할까? 그렇더라도 오히려 더 눈에 띄는 건 아닐까?' 하는 생각에 결국 물놀이는 계획하기도 전에 막을 내리기 일쑤였다. 아이에게 예쁜 수영복을 입게 해 줄 수는 있었지만 물장난을 치며 같이 놀아 주는 엄마는 될 수 없었다.

사실 수영뿐만이 아니다. 성인이 된 뒤로 20여 년이 넘도록 나는 운동다운 운동을 해 본 적이 없다. 큰마음을 먹고 적지 않은 비용을 지불해 가며 헬스, 요가, 필라테스, 퍼스널 트레이닝 등 웬만한 운동 시설에는 다 등록했지만 한 달 이상을 지속해 본 적이 없다. 여름에는 짧은 운동복을 입어야 해서, 봄가을에는 바빠서, 겨울에는 추워서…. 지금 생각하니 문제는 흉터가 아니라 끈기였다.

많은 사람들이 《지선아 사랑해》의 저자 이지선의 이야기를 알고 있을 것이다. 흉터로 인한 아픔이 있는 나였기에 지난 2003년, 전도유망했던 여대생이 교통사고를 당해 얼굴을 비롯한 전신에 화상을 입었다는 뉴스는 더 아프게 다가왔다. '팔과 다리의 흉터만으로도 움츠러드는데, 그 예쁘고 똑똑한 여대생이 얼굴도 못 알아볼 정도가 되었으니 어떻게 살아갈까' 하는 마음에 마치 나의 일처럼 안타까웠다. 하지만 지선 씨는 전신의 55%에 3도의 중화상을 입고도 기적적으로 소생해 7개월간 서른 번이 넘는 수술을 견뎌 냈다. 그리고 당당하게 이렇게 말했다.

"'저러고도 살 수 있을까…?' 네… 이러고도 삽니다. 몸은 이렇지만 누구보다 건강한 마음임을 자부하며 이런 몸이라도 전혀 부끄러운 마음을 품지 않게 해 주신 하나님을 찬양하며, 이런 몸이라도 사랑하고 써 주시려는 하나님의 계획에 감사드리며 저는 이렇게 삽니다. 누구보다 행복하게 살고 있습니다."

고난을 이겨 내고 다시 우뚝 선 이지선 씨는 '세상을 밝게 만든 100인'에 선정되었는가 하면, '한국여성지도자상'과 '젊은 지도자상'도 수상했다. 최근에는 미국 UCLA 대학원에서 사회복지학 박사 학위를 취득했다고 한다. 언젠가는 꼭 엄마와 딸아이와 함께 셋이서 이지선 씨의 강연회에 다녀오고 싶다.

삶은 선물이다. 그동안 잊고 살았다. 선물은 풀어서 누려야 하는 법이다. 내 나이 올해로 마흔 셋, 딸아이는 열한 살이 되었다. 20~30대에 운동과 담 쌓고 살아온 탓에 이제는 조금이라도 힘든 일을 하거나 잠이 부족하면 컨디션이 며칠씩 엉망이 된다.

지금껏 먹고 싶은 만큼 먹고 운동을 하지 않아도 비교적 날씬하다는 소리를 들을 수 있었던 이유는 순전히 부모님으로부터 물려받은 체질 덕분일 것이다. 이제라도 운동을 한다면 더 건강하고 멋진 내가 되지 않을까? 그리하여 나의 두 번째 버킷리스트는 '6개월 이상 운동하고 보디 프로필 찍기', 그리고 '딸아이와 워터파크에서 친구처럼 놀아 주기'다. 20대에도 시도하지 않았던 보디 프로필, 은근 기대된다.

딸아, 조금만 기다려. 엄마가 운동 꾸준히 해서 군살 없고 건강한 모습 보여 줄게. 엄마랑 멋진 래시가드에 숏 팬츠 입고 워터파크에서 하루 종일 신나게 놀아 보자.

1년에
한 가지씩
새로운 것 배우기

"나는 올해 아무것도 하지 않아도 되지만, 무엇이든 해
도 된다."

어느 책에선가 이 문구를 보고 뛰는 가슴을 주체할 수 없었
다. 나는 당장 이 문구를 수첩에 옮겨 적었다. '그래, 아무것도 하
지 않아도 되지만 하고 싶은 게 있다면 무엇이든 할 수 있어'라는
생각이 들었다. 당장이라도 무언가를 시작하고 싶었다. 동시에 올
해 하고 싶었던 일, 이루고 싶었던 일을 곰곰이 생각해 보았다. 그
러고는 깜짝 놀랐다. 한 해를 시작하며 아무런 계획도 목표도 세

우지 않았던 것이다. "생각대로 살지 않으면 사는 대로 생각하게 된다."라는 말을 마음속에 새기고 살면서도 어느새 나는 사는 대로 생각하고 있었다.

많은 사람들이 새해를 맞이할 때면 의욕적으로 신년계획을 세운다. 나 역시 다르지 않았다. 연말이면 새해에 사용할 다이어리를 고르는 것이 지상 최대의 과제인 양 다이어리 코너를 탐색한다. 구입한 다이어리에는 야심에 찬 계획들을 심혈을 기울여 기록한다. 새해에는 더 멋진 일들이 일어나기를 바라고, 더 새로운 일에 도전해 보리라 마음먹으며 무한한 가능성을 꿈꾼다.

그런데 스스로 세운 계획들을 얼마나 실행했던가? 대개의 경우 작심삼일로 끝나기 쉽다. 언제부터인가 새해가 와도 다이어리를 고르는 즐거움이 사라졌다. 계획이 계획으로만 끝난 무수한 날들을 떠올리며 가족의 건강과 행복 정도를 기도하면서 새해를 맞이하게 되었다.

나이가 들면서 삶에 아등바등하지 않아도 되는 여유로움이 좋을 때가 있다. '지금 이대로면 충분하다'라고 생각하기도 한다. 그러다 어느 순간 '과연 앞으로도 언제까지나 계속 좋을 수 있을까?'라는 불안한 마음이 들기도 한다. 때로는 삶에 대한 권태가 불쑥 고개를 쳐들기도 한다. 문득 '한 번뿐인 인생에 너무 욕심이 없는 건 아닐까? 더 좋은 삶이 있는 건 아닐까?'라는 의심이 생기기도 한다. 가지에 가지를 치듯 생각들을 펼쳐 가다 마침내 '더 풍요로운 삶을 살고 싶다'라는 결론에 이른다.

그렇다면 더 풍요로운 삶이란 무엇이고 어떻게 해야 그런 삶을 살 수 있을까? 나는 그 답을 '새로운 것 배우기', '새로운 일 도전하기'에서 찾았다. 이미 향후 블로그 운영에 필요한 전략들을 배우고 있고, 독자에서 저자가 되기 위한 나만의 책 쓰기도 시작했다.

나는 1년 6개월 동안 매우 힘든 시간을 보냈다. 2015년 1월, 지금 직장으로 발령을 받았을 즈음부터다. 그보다 조금 앞서 부서에 새로 생긴 사업은 어찌 된 일인지 모든 일들이 내게로 귀결되는 것 같았다. 하나부터 열까지 관여해야 되는 상황이 많았고 협력 대학과의 커뮤니케이션도 쉽지 않았다. 딸아이의 얼굴도 잊어버릴 만큼 야근과 주말 근무가 이어졌다.

이 사업은 우리 부서의 모두를 지치게 했고 급기야 연말에는 사업명만 들어도 얼굴이 찡그려질 정도였다. 사업의 주 담당자는 일이 너무 많고 힘들다며 평균 6개월마다 그만두었다. 중간관리자에게 직원이 바뀐다는 것은 다시 처음부터 알려 줘야 할 일을 비롯해 안 해도 될 새로운 일들이 생긴다는 것을 의미한다. 나는 담당자 간 인수인계로는 해결되지 않는 것들을 반복 재생하는 CD처럼 말하고 또 말해야 했다. 차라리 내가 담당자이고 싶었다.

끝도 없이 밀려오는 일들에 스트레스는 활화산처럼 피어올랐다. 당시 본부장님을 비롯해 직원들을 격려하며 발로 뛰신 교수님과 내 의견을 존중해 주신 과장님, 추가 업무를 분담해 준 직원 선생님들이 있었기에 그나마 남은 힘을 쥐어짤 수 있었다. 그럼에도 불구하고 일 생각만 하면 가슴속 한곳이 돋보기로 햇빛을 모으듯 열이 나고 통증이 느껴졌다. 이러다가는 정말 죽겠다 싶었다.

인력 부족의 한계가 심각해 학교에 지원을 요청했으나 해결되지 않았다. 두 다리로 할 수 있는 최선의 행동은 쉬지 않고 걷거나 빨리 뛰는 것이다. 숨이 차게 걷고 뛰는데도 목적지가 가까워지지 않는다면 다른 방법을 찾아야 한다. 그런데 그러지 못했다. 사업을 마무리하기도 전에 숨은 이미 턱밑까지 차 있었고 예상대로 결과는 나빴다. 1년 차 평가가 좋았던 만큼 2년 차의 상반된 평가 결과에 관계자들은 충격을 받은 듯했다.

우리는 눈에 보여야만 비로소 반응한다. 최근에는 사람도 증원되었고 시간이 흐르면서 이 업무에는 어느 정도 거리를 두게 되었다. 그리고 한 가지 결심했다. 성장과 보람이 없는 일에 새벽까지, 주말까지 모든 것을 던지며 나를 잊고 살지 않기로 말이다. 안타까운 마음에 담당자가 할 일을 대신 나서서 하지도 않을 것이다. 더 잘해 보려고 예전처럼 발을 동동 구르지도 않을 것이다. 이 일을 하면서 지내 온 시간이 나에게 준 교훈이다.

지금처럼 버킷리스트를 쓸 수 있게 된 계기, 또 전부터 소망했던 책 쓰기에 도전하게 된 계기가 바로 이처럼 나를 힘들게 한 시간 덕분이라고 말하고 싶다. 웃어도 웃는 게 아니고 살아도 사는 것 같지 않았던 사무실로부터 '생각'만이라도 떠나고 싶었다. 더는 이렇게 살 수 없다는 내면의 소리에 발버둥 치는 내 모습이 보였다. 머뭇거리지 않고 〈한책협〉의 문을 두드렸다.

그리고 겨우 두 달도 되지 않은 시간 동안 나에게는 많은 변화가 일어났다. 감사할 일이 많아졌고 책 읽는 시간은 더욱 많아졌다. 구미가 당기는 대로 읽던 독서에서 탈피해 목적이 있는 책 읽기를 하게 되었다. 출근 시간은 한 시간 이상 빨라져 하루를 여유 있게 시작하게 되었다. 부와 시간의 가치에 대한 의식이 확장되었고 새로운 눈으로 세상을 보게 되었다.

이것도 하고 싶고, 저것도 하고 싶고, 하고 싶은 것들이 하도 많아서 뭐부터 해야 할까 고민한다면 행복한 사람이다. 요즘의 내가 그렇다. 한동안 아무것도 하고 싶지 않더니 마치 20대라도 된 것처럼 이것저것 하고 싶은 것들이 많아졌다. 모든 것을 귀찮아하기만 했던 내가 매주 토요일마다 왕복 4시간을 들여 분당을 오가면서 이것저것 즐겁게 배우고 있다. 나처럼 꿈이 있는 다양한 직종의 사람들을 만나는 것 또한 배움이요, 기쁨이다.

자신이 좋아서 하는 것은 아무도 못 말린다지만 이 나이에 누가 시키지도 않았는데 이렇게 사는 나는 더 많이 행복해도 되는 사람 아닐까. 앞으로 매년 새로운 것을 배우며 더 풍요로운 삶을 살고 싶다. 먼저 나처럼 그림을 좋아하는 딸과 함께 일러스트를 배우고 싶다. 1년에 한 가지씩 무엇을 배울까 생각만 해도 즐겁다. 일하는 엄마, 일하는 아빠가 무언가를 새로 배운다거나 도전하기란 쉽지 않은 일일 것이다. 그러나 인생은 저지르는 자의 것이라고 했다. 나는 청년들보다는 일하고 아이를 키우며 자신을 잊고 사는, 세상살이에 익숙해진 나와 같은 직장인들에게 던지고 싶은 질문이 있다.

"당신이 무엇인가를 마지막으로 배운 때는 언제입니까?"

100명에게
손 편지로
마음 전하기

　　나에게는 3개의 편지 상자가 있다. 한 상자에는 남편과 결혼 전에 주고받았던 편지와 결혼 이후 삶의 중요한 순간마다 함께했던 축하와 격려의 글들이 담겨 있다. 또 하나에는 초등학생 때부터 여고시절까지 친구들과 나눴던 우정, 고민, 때로는 질투가 담긴 추억의 편지들이 고스란히 담겨 있다. 마지막 하나는 딸아이에게 받은 '엄마, 사랑해요', '아빠, 고마워요' 편지들로 채워지고 있다.

　　우리는 누구나 자연스럽게 무엇인가를 써 왔다. 방학 때면 누구나 일기 쓰기가 밀렸던 경험이 있을 것이다. 각종 독후감 쓰기,

글짓기 숙제도 했을 것이다. 어버이날, 스승의 날 감사편지도 써 봤을 것이다. 나는 왜 어른이 되면 편지는 물론이고 크리스마스카드조차 쓰지 않는지 정말 궁금했다. 이제는 나도 그런 어른이 되어 버렸지만 말이다.

평범한 직장인이 되어 많은 것들을 잊고 살던 2012년 초, 아빠가 돌아가셨다. 발인을 마치고 일상으로 돌아온 나에게 뜻밖의 편지가 기다리고 있었다. 하나는 부의봉투에 들어 있던 학교 교수님의 편지였고, 하나는 같은 부서에서 일했던 성임이의 편지였다.

성임이는 직장 선배를 대하는 태도는 물론, 일을 찾아서 하는 적극성, 주변을 배려하는 마음까지 뭐 하나 부족한 것이 없는 친구였다. 생각지도 못한 편지를 받고 나는 감동하지 않을 수 없었다.

교수님은 당신의 연로하신 부모님 이야기와 함께 내 마음에 조용한 위로를 건네주셨다. 이미 오래전 나보다 훨씬 어린 나이에 아버지를 여읜 성임이는 한마디 한마디 조심스럽게 내 마음을 위로해 주었다. 이 두 편지는 언제 봐도 늘 새로운 감동을 준다. 그건 그만큼 교수님이나 성임이의 편지에 나를 생각하고 위로하려는 마음이 고스란히 녹아 있기 때문일 것이다. 언제 어디서 어떠한 모습으로 마주치더라도, 한마디 짧은 인사에도 반가움이 묻어나는 관계가 될 수밖에 없다.

이 일 이후로 나는 손 편지를 다시 보게 되었다. 내 생애 첫 버킷리스트를 작성하겠다고 마음먹었을 때 손 편지 쓰기가 포함된 것은 어쩌면 당연한 일이다.

때마침 책 쓰기 과정의 참고도서로 윤성희의 《기적의 손편지》를 읽게 되었다. 책을 읽으며 '어, 여기 나 같은 사람이 또 있네'라는 생각이 들었다. 저자는 손 편지를 통해 이미 많은 '기적'을 경험했고 편지와 인생이 하나가 된 사람이었다.

책을 30페이지쯤 읽었을 때, 나는 깜짝 놀랐다. 고등학교 졸업 후 20년만의 동창회 이야기가 나오는데, 거기에 내 친구 영덕이가 등장하는 것이었다. 최근 몇 년 사이 동창 찾기 어플을 통해 활발하게 연락을 주고받기 시작한 고등학교 동창들이 생각났다. '맞아, 그때 누군가가 글을 쓰고 있다고 했는데… 설마 그 친구가 이 책의 저자인가?' 그 친구와 개인적인 인연은 없지만 책 속에 등장한 여고시절의 별명은 확인할 것도 없이 분명 그 친구였다. 너무 신기했다. 작년 어느 날 영덕이가 나에게 보내 준 엽서 한 장의 비밀이 어디에서 시작되었는지도 알 것 같았다.

어느 날 사무실의 내 책상 위에 영덕이가 손으로 쓴 엽서가 놓여 있었다. 우리는 학교에 다닐 때 편지를 제법 주고받았고, 고등학교 졸업 후에도 드문드문 만나도 어색하지 않은 친구 사이다. 엽서를 받고 사무실에 자랑할 만큼 감동했다. 나는 답장을 해야지 생각만 하다가 어느 순간 아예 까마득히 잊고 있었다. 당시

일에 너무 지쳤노라고, 나조차 돌아볼 시간이 없었노라고 말하기에는 너무 많은 시간이 지났다. 지난달에도 안부전화를 준 영덕이를 떠올리자니 그저 미안할 따름이다. 미안한 사람이 어디 영덕이뿐일까. 나에게 손을 내밀어 준 분들의 마음과 진심에 응답하지 못하고 놓쳐 버린 관계들을 이제라도 주워 담을 수 있을까.

　"우리는 살면서 수많은 사람을 만난다. 어떤 사람은 그냥 스쳐 지나가듯 잊혀지고, 어떤 사람은 오랫동안 인연이 되어 마음을 주고받기도 한다. 그러나 우리가 기억해야 할 것은 그들과 처음 만났을 때 '관계의 끈'을 나누어 쥐었다는 사실이다. '관계의 끈'은 새로운 사람을 만날 때마다 우리의 손에 쥐어진다. 끈의 한쪽은 나의 손에, 다른 한쪽은 상대방의 손으로 들어간다. 이 끈은 쥐고 있는 사람들이 서로 관심을 갖고 있을 때 팽팽하게 조여지며, 서로에게 소홀하거나 연락이 뜸해지면 그 힘을 잃는다. 나도 모르는 사이에 끈이 느슨해져 버리기 때문이다."

　《기적의 손편지》중 한 구절이다. 저자의 말에 공감하며 내 손에 쥐어진 관계의 끈들을 살펴본다. 나는 이 끈을 팽팽하게 유지하는 데 서툴다. 겉모습은 사람들과 어울리는 것을 좋아하고 유쾌해 보이지만 한편으로는 혼자 있는 시간을 지독하게 좋아한다. 그러다 보니 상대방이 나와의 끈을 놓지 않고 당기더라도 내가 힘없이 끈을 쥐고 있어 결국 끝나 버린 관계도 많다. 그런가 하면 상대가 느슨하게 잡고 있는 끈을 팽팽하게 만들려고 안간힘을 쓴 적도 있다.

내가 집중해야 할 사람은 나를 보아 주는 사람, 나를 아껴 주는 사람이라는 것을 40대가 되어서야 알았다. 누구보다 친밀했지만 타인이 되어 버린 관계들, 존경하고 있지만 표현하지 못했던 분들, 익숙하지만 대화가 부족한 가족들, 내가 그들에게 보낸 관심과 상관없이 늘 나를 바라봐 주는 분들, 오랫동안 안부를 전하지 못한 친구들, 나를 성장시켜 준 인생의 멘토들에게 이제라도 손 편지를 통해 마음을 전하고 싶다. '당신을 기억하고 있어요'라고.

성희야. 나를 기억할지 모르겠구나. 우리가 같은 반이었던 적은 없지만 키 큰 혜경이와 단짝 친구였던 너를 기억한단다. 20년 이상의 시간이 지난 만큼 인터넷에서 검색한 사진보다는 '째간'이라는 별명이 너를 더 잘 떠올리게 해 준단다. 토요일 오후의 카페에서 행복한 마음으로 너의 책을 읽었단다.

너의 생각과 실천이 담긴 책을 통해 나는 손 편지에 대해 예전보다 큰 의미를 부여하게 되었어. 손 편지를 통해 나에 대해서도 상대방에 대해서도 생각할 시간을 갖고, 한층 더 성장하고 자신의 인생을 풍요롭게 할 수 있다는 것은 굉장한 일이야.

너의 말처럼 편지의 종류가 많은 것도 몰랐어. 당신을 기억하고 있다는 안부편지, 존재의 의미를 알려 주는 감사편지, 삶 속에 작은 기쁨이 되는 축하편지, 행복감을 심어주는 칭찬편지, 진심의 힘을 발휘하는 부탁편지, 절망을 희망으로 바꾸어 주는 응원편지, 아픔을 나누어 갖는 위로편지…. 나의 버킷리스트 중 하나는 앞으로 100명에게 손 편지를 쓰는 거야. 100명이 넘는다면 더 좋겠지. 나도 누군가의 마음을 헤아리고, 누군가를 위로하고, 누군가와 공감하며, 누군가의 가슴에 따뜻한 이름으로 기억될 그런 사람이 되고 싶구나.

성희야, 지금 쓰고 있는 이 글이 책으로 출간되면 너에게도 한 통의 손 편지를 쓸 거야. 그리고 너의 책《기적의 손편지》를 주변 사람들에게 선물할 거야. 이렇게 멋진 책을 알게 되어 행복해. 너의 책이 더 많은 이들에게 읽혀서 우리네 삶과 관계가 더욱 따뜻해지면 좋겠어. 너의 꿈이 더 크게 이루어지기를 기도할게. 안녕, 친구야.

05

미술관 도슨트가 되어 자원봉사 하기

우리 집에서 제일 두꺼운 책은 에른스트 곰브리치의 《서양미술사》다. 서른 살 생일을 앞두고 여고시절 친구인 지숙이와 은경이가 받고 싶은 선물이 있냐고 물었을 때 나는 이 책이 갖고 싶다고 대답했다. 평소 읽고 싶었지만 왠지 누군가에게서 선물로 받아 간직하고 싶어서 구매를 미뤄 둔 책이었다. 요즘에는 서양미술사나 그림에 대한 개성 있는 책들이 많다. 그래도 이 책만큼 서양미술사 분야에서 독보적인 책은 없을 것이다.

오랜 시간 책장에 꽂혀 있던 책을 다시 꺼내어 본다. 책 속에 2003년이라는 날짜와 함께 정겨운 글씨체로 기록된 친구들의 메모를 보니 그때의 기억이 생생하다.

나는 그림이 좋다. 그림을 좋아하게 된 것은 어쩌면 선생님의 칭찬 한마디 때문인지도 모른다. 초등학생 때 선생님께서는 나에게 미술학원에 다녀 보는 게 좋겠다고 권유하셨다. 그리고 중학생 때 미술 선생님은 숙제로 제출한 과제를 보고 "이거 너 혼자 한 거니?"라고 하시며 내 그림 실력을 칭찬해 주셨다. 미술학원에 다니지는 않았지만 그때부터 막연하게 그림에 대한 관심이 커졌다. 가끔 '내가 정말 그림에 소질이 있을까?' 하고 나름 진지하게 고민하기도 했다.

고등학생이 되면서는 언제 그랬냐는 듯이 그런 생각들은 잊혀 갔다. 그러다가 고3 가을쯤, 지금 생각하면 정말 엉뚱할 정도로 갑작스럽게 디자인 공부를 하고 싶다는 열망이 생겼다. 그러려면 입시부터 준비해야 하고 미술학원에 다녀야 하는데 이래저래 그럴 여건이 되지 않았다. 결국 힘들게 마음을 접어야만 했다.

20대 초중반 무렵, '하이텔', '나우누리' 등 PC 통신이 붐이었다. 나는 자연스럽게 하이텔 동호회 중 '미술사랑'이라는 스케치 동호회에서 활동하게 되었다. 가지 못한 길에 대한 아쉬움이 컸던 것일까. 얼마 지나지 않아 결국 마포의 ○○대 앞 입시미술 학원에 등록했다. 남대문 미술상가에서 데생의 기본 도구인 톰보우 연필부터 이젤까지 각종 준비물을 한 아름 안고 돌아오던 날이 지금도 생각난다. 뭔가를 배우게 되었다는 기쁨만으로 그렇게 설레었던 적은 없다.

드디어 학원 수업 첫날, 하루 종일 가로세로 선 긋기를 연습했다. 이후에는 하루 4시간 이상을 아그리파 석고상을 데생하며 보냈다. 검은 연필 하나와 지우개만으로 도화지 위에 석고상의 이목구비가 드러나는 것이 신기했다.

그러던 어느 날 기존의 수강생들과 이런저런 이야기를 나누게 되었다. 길게는 2~3년 미대 입시를 준비해 온 아이들조차 ○○대를 목표로 하는 경우가 없었다. 적잖은 충격이었다. 대학 선택의 기준은 저마다 다르겠지만 당시 내가 생각하기에 미대라면 무조건 ○○대였다. 더구나 동기부여가 완벽한 ○○대 앞에서 입시를 준비하면서 왜 다른 대학을 목표로 하는지 의아했다. 그들 앞에서 '내 목표는 ○○대'라는 말은 감히 꺼내지도 못했다.

그날 '내가 너무 세상을 만만하게 본 걸까? 내가 저 아이들보다 나은 것도 없잖아'라는 생각에 밤새 뒤척이며 고민했다. ○○대를 못 가게 된다면 값비싼 학원 수강료는 너무 부담스러웠다. 게다가 하루 4시간 이상의 연습시간을 감당할 자신도, 의미도 없다고 생각했다. '그림에 정말 재능이 있다면 어떤 길을 가더라도 언젠가는 그림을 그리고 있겠지'라는 생각이 들어 결국 학원을 그만두었다.

대학교에 근무하게 된 첫해에는 예술대학 대학원에서 미술사를 공부해 보고 싶었다. 하지만 근무시간과 대학원 수업시간이 겹쳐 이 또한 희망사항으로 끝났다. 내게 그림이란 이렇게 '가까이 하기엔 너무 먼 당신' 같은 존재였다. 지금 생각해 보면 그저 핑계였다. 그때의 나는 나약하고 용기가 없었다.

그림에 대한 나의 동경은 일상에서 그림과 관련된 것들을 더 많이 찾고 즐기게 해 주는 원천이 되었다. 어느새 미술관이나 그림 관련 강연을 즐겨 찾게 되었다. 주말 나들이 장소로 미술관처럼 편하고 만만한 곳도 없다.

나에게 말을 걸어 주는 그림은 언제 보아도, 아무리 오래 보아도 질리지 않는다. 그림을 배우는 것은 어려워도 그림을 보고 느끼는 것은 어려운 일이 아니다. 특히 최근 몇 년 사이에는 그림 에세이집 같은, 인문학과 접목한 미술 관련 책들도 많이 출간되어서 언제 어디서든 그림을 접할 수 있다. 이렇게 그림을 보는 것만으로도 행복하고 만족했던 나에게 작은 사건 하나가 생겼다.

작년 가을, 뉴욕 출장지에서의 일이다. 출장이 결정되기 전까지만 해도 미국에 가 보고 싶다는 생각도 한 적이 없었다. 하지만 출장이 결정된 뒤 '뉴욕'이라는 키워드를 검색한 순간부터 마음은 이미 들뜨기 시작했다. 관련 책자와 온라인 카페를 통해 공부하듯 뉴욕을 읽었다. 그리고 모마미술관을 비롯해 가고 싶은 미술관 몇 곳을 찜해 두었다.

드디어 미국행 비행기에 올랐다. 동행자인 교수님들이 미국에서 오랜 시간 생활하신 분들이고 업무 추진력도 탁월해서 일은 힘들지 않았다. 그래도 미술관에 가고 싶다는 말은 차마 꺼낼 수가 없었는데, 마침 운 좋게도 일정 중 모마미술관 근처에서 업무를 보게 되었다. 업무를 마친 뒤 말로만 듣던 모마미술관에 떨리는 마음으로 입장했다. 층층이 비치된 작품들 중에는 내가 좋아하는 프리다 칼로의 그림도 있었고, 클림트 하면 떠오르는 익숙한 이미지가 아닌 새로운 느낌의 그림들도 있었다.

편안하게 그림을 보던 중, 그림 설명 좀 해 보라는 교수님의 말씀에 깜짝 놀랐다. 왜냐하면 평소 그림에 대한 애정도 많고 나름 많은 그림을 알고 있다고 생각했는데 그날은 한마디 운을 떼기도 어려웠기 때문이다.

프리다 칼로의 그림 앞에서도 그녀의 위대한 재능과 정신보다는, 남편 디에고의 여성편력과 그녀의 평생을 지배한 상처에 대한 얘기만 간신히 떠올렸다. 그림 설명을 못했다고 해서 부끄러워할 일은 아니지만 스스로에게 충격이라면 충격이었다.

'그동안 무수히 보고 느끼고 읽은 그림과 이야기들이 다 어디로 간 거지?'

그때 결심했다. 그림을 감상하는 것도 좋지만 기회가 된다면 주변 사람들에게 그림에 대해 설명해 줄 수 있을 만큼 조금은 제대로 공부해 보자고.

아쉽게도 도슨트 양성 교육은 주로 낮 시간에 진행되어 직장 생활을 하는 중에는 도전하기 어렵다. 나는 10년 안에 퇴직하고 하고 싶었던 일들을 하며 사는 것이 목표다. 도슨트는 그중 하나다. 5년 뒤, 또는 10년 뒤가 될지도 모르겠지만 나는 이미 상상하고 있다. 미술관에서 우아하고 멋진 모습으로 작품 설명을 진행하는 내 모습을. 그날이 올 때까지 앞으로도 계속 많은 그림과 글을 보며 차근차근 준비할 것이다. 꿈은 이루어진다.

버

킷

리

스

트

9

| Chapter 5 |

인생을 녹여낸 책으로
후배들을 이끄는 작가

최흥권

최흥권

겸임교수, 자기계발 작가, 동기부여가, 사회복지사, 상담사, 청소년 멘토

행정학 박사로, 한성대학교 겸임교수로 재직 중이다. 한성대학교와 한양대학교에 출강하고 있으며, 낙산복지정책연구회 사무총장으로 활동 중이다. 작가이자 동기부여가라는 가슴 설레게 하는 꿈을 그리며 청소년들의 멘토로 상담 활동을 하고 있다. 저서로는 《되고 싶고 하고 싶고 갖고 싶은 38가지》가 있으며, '지금은 비슷하지만 마흔 이후 성장해 다른 인생을 만드는 진짜 공부법'을 주제로 개인저서를 집필 중이다.

| E-mail chk919@naver.com
| Blog http://blog.naver.com/chk919

사랑하는 아내와 함께 중국여행 열 번 하기

나는 자주 아내와 함께하는 여행을 상상한다. 그럴 때면 잠이 쉽게 들지 않을 정도로 설레고 가슴이 뛴다. 친구들은 아직도 아내와 같이 다니는 게 행복하냐며 묻곤 한다. 한결같이 옆에 있어 주는 아내가 어찌 좋지 않을 수 있을까.

과거의 나는 대학 졸업 후 회사에 취직해서 행복한 가정을 꾸리는 것이 꿈이었다. 나의 꿈대로 대기업에 취직을 하고 결혼을 하게 되었다. 하지만 회사의 합병과 여러 가지 사정 때문에 8년 4개월간의 직장생활을 마감했다. 그 후 아내와 함께 자영업을 시작하게 되었다. 친구들이 공직 내지는 잘나가는 회사에 다니고 있을 때 나는 아내와 함께 자영업에 전심전력을 기울였다. 우리 부부가 선택한 업이 인생의 전부인 양 묵묵히 앞만 보며 달렸다. 그렇게 열심히 사는 것이 '행복'하게 사는 것이라고 믿었다.

그러나 언제부터인가 열심히만 달려왔던 내 삶의 방식에 의문을 갖게 되었다. 고민 끝에 아내의 동의를 얻어 지천명의 나이에 '공부'를 택했다. 그렇게 나는 인생 제2막을 시작하게 되었다. 10년 동안 아내는 변함없이 나를 응원해 주었고 나 역시 지독하게 노력했다. 그 결과 최근에는 대학에 출강하고 있다.

그동안 힘이 되어 주었던 아내는 언제부터인가 나에게 당신의 머리 뒷부분만 보고 살아야 하냐며 푸념 아닌 푸념을 늘어놓는다. 그러고 보니 나는 식사시간을 제외하곤 거의 책상에 앉아 있었다. 뒤돌아보니 나를 믿고 뒷바라지해 준 아내에게 미안한 것이 한두 가지가 아니다. 아이 둘은 다 커서 제 할 일을 스스로 하는 나이가 되었다. 나는 나만의 생활에 익숙해져 정작 가장 소중한 아내의 마음은 읽지 못하고 살았다.

나는 문득 남은 인생을 어떻게 하면 아내와 조금 더 의미 있고 행복하게 보낼 수 있을까 생각해 보았다. 이는 밥, 청소, 빨래와 같은, 해도 해도 끝이 없는 집안일에서 아내를 잠시나마 벗어나게 해 주고 싶다는 생각으로 이어졌다. 그런 생각을 거듭하다가 '여행'이라는 단어를 떠올렸다. 우리 부부는 가끔 패키지여행을 다니곤 한다. 하지만 이제부터는 그런 틀에 박힌 여행보다는 좀 더 많은 것을 느낄 수 있는 자유로운 여행을 하고 싶다.

평소 아내가 중국에 관심을 많이 보였다. 나는 아내가 언제부터인가 중국어를 배우러 다니고 있다는 것을 알게 되었다. 아! 바로 이것이다. 이 기회에 중국엘 가 보면 어떨까 싶어 아내에게 넌지시 물어보았다. 중국여행이라는 말에 아내는 아이처럼 좋아했다. 그런 아내의 모습을 보니 내 가슴이 다 찡했다.

나이 들어서 부부가 함께 오붓하게 배낭을 메고 손잡고 중국 여행을 한다는 생각만으로도 가슴이 벅차오른다. 거대한 대륙인 중국의 구석구석까지는 다니기 힘들더라도 중국의 수도 베이징의 맛집 탐방도 해 보고, 만리장성도 손 꼭 잡고 다녀 보고 싶다. 현지인들의 삶에서 묻어 나오는 진정한 행복은 무엇인지 느껴 보고 싶다. 아내와 중국에서 여행하는 동안의 즐겁고 행복한 모습을 사진과 글로 담고 싶다.

지금 친구들은 대부분 정년퇴직을 해서 집에서 쉬거나 소일거리로 시간을 보내고 있다. 하지만 나는 자영업을 하면서 틈틈이 공부를 한 덕분에 대학에 출강을 나가고 있고, 특히 방학 동안 아내와 함께 훌쩍 해외여행을 떠날 수도 있다. 참 행복한 인생이라는 생각이 든다. 우리 부부는 여행을 가기 전 준비하는 시간이 그렇게 즐겁고 설렐 수가 없다. 마치 소풍을 앞둔 초등학생의 마음과 같다.

나는 회사에서 중동 사우디아라비아로 인사발령을 받아 처음으로 해외에 나가게 되었다. 그 당시는 해외근무를 서로 가고 싶어 했던 때라 열사의 사막인 중동이든 어디든 승진이 빨랐던 해외근무 자체가 영광이었다. 힘들었지만 이민가방에 1년간 머물 동안 입을 옷가지와 세면도구 등을 챙겨서 당시 국제공항이었던 김포공항에서 출국했던 때가 새삼 그리워지기도 한다.

지금은 여행 자유화로 세계 어느 곳이나 갈 수 있다. 당시 우리나라는 해외여행이 아니라 해외취업을 통해 달러를 벌어 오기 위해서 많은 근로자들이 해외로 나가던 시절이었다. 우리 직원들의 해외근무 발령은 사명감과 함께 이루어졌다. 해외근무를 한 지 1년 후 귀국해 선을 보고 4개월 17일 동안 연애한 뒤 결혼한 사람이 지금의 아내다. 아내는 내가 태어나서 처음이자 마지막으로 선을 본 여자다. 인물도 수려하지만 말대답 한 번 없이 남편을 내조한 멋있는 아내다.

생각해 보면 나는 아내 덕분에 덩달아 주가가 올라가는 그런 생활에 길들여졌기 때문에 아내의 소중함을 당연한 듯 생각하며 지내 왔던 것 같다. 그래도 우리 부부에게는 유달리 애틋한 정이 많다. 반평생이 넘도록 살며 언성을 높인 적이 왜 없을까마는 그래도 결혼한 지 37년이 되는 지금까지도 큰 불협화음 없이 잘 살고 있다. 아내에게 감사할 뿐이다.

2009년부터 나는 대학교에서 논리 및 논술과 문화정책을 강의하게 되었다. 그때 내가 학생들에게 독후감 과제물로 추천한 책이 임영신의 《희망을 여행하라》였다. 이 책은 희망 가이드북으로, 여행이 가르쳐 주는 것들에 대해 이야기하고 있다. 공정한 방식의 여행이 새로운 세상을 만들어 갈 수도 있다는 메시지를 던져 준다. 나는 가치 있는 여행을 하기 위해선 새로운 만남과 배움이 따라야 한다고 생각한다. 아내를 더욱 사랑하고자 앞으로 함께 열 번의 중국여행을 할 계획을 세웠다. 지금 나는 아내와 함께 주민자치센터에서 열심히 중국어를 배우고 있다. 덩달아 중국인들이 사는 모습을 가까이에서 보고 느끼며 그들과 소통하고 있다.

사랑하는 아내와 함께 어깨에 가방을 메고 중국 이곳저곳을 누비는 즐거운 상상을 해 본다. 우리 부부는 중국여행을 하기 전에 다음과 같은 다섯 가지 원칙을 정했다.

첫째, 가능하면 쇼핑은 현지인들의 재래시장이나 노점상에서 한다.

둘째, 중국인들에 관한 고정관념을 버리고 웃는 얼굴로 대화를 건넨다.

셋째, 패키지여행에서 벗어나 자유롭게 돌아다닌다.

넷째, 현지의 문화를 미리 습득해서 존중하는 마음으로 여행한다.

다섯째, 맛있는 음식들을 먹으러 다니며 게스트하우스나 소규모 숙박업소를 이용한다.

《희망을 여행하라》에 이런 글이 있다.

"한 사람의 여행자가 여행할 때 하루 평균 3.5kg의 쓰레기를 남기고, 사하라 남부 아프리카 주민 30명이 쓰는 전기를 소비하고 있고, 고급호텔의 객실 하나에서는 평균 1.5톤의 물이 사용된다고 한다. 골프장 하나에서는 무려 다섯 개 마을의 농사와 생활에 필요한 물이 사용되고 있다. 한 가족이 하루를 살기 위해 20리터의 물을 1킬로미터 이내에서 구할 수 없는 지역에서도 하루 한두 시간밖에 전기를 쓸 수 없는 지역에서도 우리는 수영을 하고 에어컨을 사용하고 골프를 친다. 때로 우리의 편안한 여행을 위해 아름다운 호텔 뒤쪽 세탁실에선 점심시간 10분을 빼면 하루 종일 서서 침대시트를 다림질해야 하는 여성들의 노동이 존재하고 있다."

우리 부부는 중국인들의 마음을 헤아리면서 공정여행을 하고자 한다. 한꺼번에 벼락치기 하듯이 여행을 하지 않고, 열 번으로 나누어서 차분하게 중국 대륙을 돌아보고자 한다. 길림성에 가서 우리 재중동포들이 사는 모습을 담아 오고, 알리바바를 설립한 마윈의 고향 항저우에도 다녀올 것이다. 중국의 수도인 베이징에도 다녀오고, 청두, 심천, 만리장성, 하얼빈 등 중국의 곳곳을 모두 다녀 보고 싶다.

중국 사람들은 우리나라 사람들과 닮은 점이 있으면서도 살아가는 방식이 다르다. 13억 5,000만 명의 인구 중 10억이 넘는 중국인들은 정말 힘든 삶을 살고 있다. 하지만 그들에게도 나름의 행복이 있을 것이다.

나는 그들의 삶에서 피어나는 소소한 행복을 직접 느껴 보고 싶다. 그들의 삶의 모습을 담아 와 한국인들에게 알려 주는 메신저 역할도 하고 싶다. 앞으로 아내와 열 번의 중국여행을 하면서 우리 한국인도 아름다운 삶을 살아가고자 하는 같은 사람이라는 점도 그들에게 전해 주고 싶다.

사랑하는 손주들과 해외여행 하기

내가 초등학생 때의 일이다. 나는 형과 싸운 뒤 형의 저금통을 부숴서 꺼낸 돈으로 무작정 기차를 타고 할아버지 댁을 찾아갔다. 첫 가출이자 첫 여행인 셈이다. 할아버지는 내가 가출한 줄도 모르고 반갑게 맞이해 주셨다. 할아버지 댁에서 지내는 동안 나는 소중한 추억을 잔뜩 쌓았다. 할아버지께 자전거 타는 법과 장기 두는 법을 배운 것, 꽁꽁 언 논에서 스케이트를 타다가 논두렁에 곤두박질친 것, 흠뻑 젖은 옷을 말리기 위해 논두렁에 모닥불을 피워 놓고 옷을 말리던 것, 수영을 못해 바다에 빠져 죽을 뻔했을 때 삼촌이 구해 주었던 것 등은 아직도 생생한 추억이다.

내가 처음으로 해외에 나간 것은 스물일곱 살 때였다. 다니던 대기업에서 인사발령을 받아 사우디아라비아에서 일을 하게 되었다. 당시에는 직항이 없어서 태국 방콕을 거쳐서 사우디아라비아 다란공항으로 입국했는데 비행시간만 무려 16시간이었다. 처음 외국 땅을 밟고 외국인과 함께 일하면서 언어가 잘 통하지 않아 마음고생을 많이 했다.

하지만 시간이 지나면서 어느 정도 의사소통이 가능해지니 그제야 주위를 둘러보게 되었다. 당시 사우디아라비아에는 중동 특수를 노리고 세계 여러 국가들이 진출해 있었다. 젊은 내 눈에 비친 다양한 인종의 외국인들은 마냥 신기하기만 했다. 그때 나는 훗날 여건이 주어지면 꼭 세계여행을 하겠다고 다짐했다.

1989년 해외여행 자유화가 시작되면서 나도 가족, 친지들과 함께 해외여행을 떠나게 되었다. 20년간 40여 개국의 나라를 다녔다. 하지만 돌이켜 보니 우리 부부와 아이들 네 가족만 따로 여행을 간 적은 없다. 어느덧 세월이 흘러 자식들은 모두 결혼하고 아이를 낳아 키우며 잘 살고 있다. 아들 부부는 재작년에 결혼해서 그나마 우리 부부 가까이에 살고 있지만 딸 부부는 3년 전 호주에 둥지를 틀었다. 이렇게 떨어져 살다 보니 손주들을 자주 볼 수 없다.

몇 년 전 우리 부부가 호주에 놀러 가서 호주의 관광지인 그레이트 오션 로드와 퍼펑빌리, 멜버른 박물관 등을 손주들과 함께 여행했었다. 이제 초등학교 1학년과 다섯 살이 된 손주들이 한국에 들어와 시간을 보낼 적에는 우리 집 주변 등산로나 놀이터에서 같이 놀아 주고는 했다.

지금은 아이들도 어느 정도 컸으니 나와 아내가 더 늙기 전에 함께 해외여행을 하고 싶다. 그 옛날 할아버지가 나에게 소중한 추억을 안겨 주신 것처럼 나도 손주들에게 그런 할아버지가 되고 싶다. 같이 여행하면서 들려주는 나의 이야기가 아이들에게 좋은 추억은 물론 삶을 살아가는 데 도움이 되었으면 싶다.

가끔 호주에 있는 딸과 통화를 할 때면 "우리 세대와 너희 세대는 달라진 점이 많으니 되도록 아이들과 자주 여행을 다니면서 마음 놓고 뛰어놀게 해라."라고 말해 준다. 다 큰 딸에게 이런 잔소리를 하는 이유는 손주들을 위해 좀 더 현명하게 잘 살았으면 하는 소망에서다. 나처럼 키우지 말고 조금 말을 안 듣는다 하더라도 잘 타일러 가며 자존감 있는 아이들로 키워 주기를 바라는 마음이다.

다음에 손주들을 만날 때는 좀 더 행복한 기억을 남겨 주고 싶다. 요즘은 어떻게 하면 아이들에게 좋은 추억을 만들어 줄 수 있을까만 생각한다. 짧은 기간이라도 아름다움과 매력을 느낄 수 있는 곳을 찾아가 보여 주고 싶다. 따뜻한 나라에 가서 여유롭게 경치를 즐기며 그동안 내가 다녔던 수많은 여행지들에 대한 이야기도 해 주고 싶고, 이국적인 나라의 삶의 현장도 두루 방문하며 정을 느끼게 해 주고 싶다.

직접 경험한 것은 두고두고 기억에 남는다. 아이들에게는 좋은 여행 습관을 보여 주어야 한다. 조금 귀찮고 힘들고 따분하고 싫증이 난다고 해서 포기하는 모습을 보여 주어서는 안 된다. 좋은 습관은 벽돌을 쌓아 올리는 것처럼 매일의 실천으로 이루어진다는 것을 알려 주어야 한다. 아이들에게 작은 것부터 차츰 쌓아 나가는 모습을 보여 주어야 작은 일이 모여서 큰일을 이룬다는 것을 자연스레 알게 되고 마음에 새기게 된다.

나는 어릴 적 벼가 자라면 수확한 뒤 도정하는 것을 보며 자랐다. 하지만 요즘 아이들은 쌀이 어떤 과정을 거쳐서 밥이 되는지 모르고 관심조차 없다. 어릴 때 터득한 지식은 지혜로 자리 잡아 성장 동력을 유발한다. 나는 손주들과 이국땅을 여행하면서 외국인들의 생활을 체험할 것이다. 현지 가게에서 쇼핑도 하고, 음식도 먹어 보면서 아이들이 많은 것을 체험할 수 있도록 도울 것이다. 공항에서는 많은 외국인들의 모습을 보여 주고, 언어가 잘 통하지 않는 곳에서 어려운 상황에 처할 때 지혜롭게 대처하는 방법도 알려 주고 싶다. 할아버지로서 손주들에게 보여 주고 싶은 것이 너무 많다. 한 번에 다 알려 줄 수 없으니 여러 곳을 여행하면서 하나씩 차근차근 알려 주고 싶다.

기회가 된다면 손주들이 좀 더 큰 뒤에도 함께 여행을 다니고 싶다. 세계 곳곳을 다니면서 보고 느낀 것을 손주들과 같이 이야기하며 함께 책도 써 보는 뜻깊은 시간을 가지고 싶다. 사랑하는 손주들이 나와 여행하며 함께했던 순간들을 오래도록 기억하고 가슴에 묻어 주었으면 좋겠다. 나의 할아버지가 나에게 행복한 기억들을 선물해 주신 것처럼 말이다.

베스트셀러 작가로서
1년에
1권 이상 **책 쓰기**

나는 월급만으로는 가족의 행복한 생활을 지탱하기 어렵다는 생각에 마흔 전에 직장을 뛰쳐나와 사업을 시작했다. 대부분의 친구들이 직장에서 충성을 다하고 있을 때 나는 개인 사업을 하면서 나름대로 잘 살고 있다고 생각했다. 또한 운영하고 있는 사업이 천직이라고 생각하며 살았다. 개인 사업을 하면서 여유시간에 컴퓨터도 배우고 공부도 했다.

스펙을 쌓기 위해서가 아니라 자아성취를 하고 싶어 공부를 시작해 10년 만에 대학 강단에 서는 영광도 누리게 되었다. 처음 맡은 강의는 교직 과목인 '논리 및 논술'이었다. 나는 평소에도 책 읽는 것을 좋아해서 학생들에게 늘 '책 속에는 여러분들이 경험하지 못한 많은 것들이 있으니 독서를 해라'라고 권유했다.

어느 날, 임원화 작가의 《하루 10분 독서의 힘》과 김태광 작가의 《이젠 책쓰기가 답이다》라는 책을 정독했다. 갑자기 내 안에서 억제할 수 없는 무언가가 꿈틀거리며 삐져나오려고 했다. 그때 나의 시선에 〈한책협〉에서 주관하는 〈1일 특강〉이 들어왔다. 바로 이것이구나 싶었다. 나는 한 치의 망설임도 없이 〈1일 특강〉을 신청했다. 2016년 6월 12일, 첫 〈1일 특강〉의 분위기는 나를 압도했다. '작가 최홍권'이라는 명찰은 나의 마음을 들뜨게 하기에 충분했다.

그런데 나이가 많은 사람은 〈책 쓰기 과정〉에 들이지 않는다는 섭섭한 말을 들었다. 나는 개의치 않고 〈한책협〉의 대표 김태광 코치와 면담을 했다. 면담 끝에 '고정관념에서 탈피하지 못하거나 제대로 따라오지 못할 때는 단번에 탈퇴시킨다'라는 조건을 달고 등록할 수 있었다. 분에 넘치게 등록은 했지만 마음속으로는 '이렇게까지 해서 책 쓰기를 해야 하나'라고 몇 번이고 되뇌었다. 머릿속이 복잡했다. 하지만 〈책 쓰기 과정〉은 나에게 제2의 인생을 살게 하는 신호탄이었다. 점점 나 자신이 바뀌어 가는 것을 보고 놀랐다. 과제를 수행하면서 나도 모르게 의식화가 진행되고 있었다.

나는 이것이 인생의 마지막 버킷리스트라고 생각했다. 새로운 인생이 시작되는 기분이 들었다. 더 이상 배울 것이 없을 것 같던 나이에 큰 울림을 갖게 해 준 김태광 코치를 멘토로 삼았다. 어떻게 사는 것이 행복하고 더 가치 있는 삶인가를 생각해 볼 수 있는 시간을 다시 갖게 되어 흥분되었다. 작가가 되어 인생을 졸업할 때까지 책을 쓰겠다고 결심했다. 살아오면서 배운 경험들을 녹여낸 책으로 인생의 후배들을 이끌어 주고 싶다. 인생의 그림이 잘못 그려진 부분은 반면교사로 삼고 잘 그려진 부분은 보완해서 책으로 말하고자 한다.

먼저 1년에 1권 이상의 책을 쓰기로 나 자신과 약속했다. 이제까지의 삶의 수정이 불가피해졌다. 불필요한 만남을 정리해야 한다. 생활 패턴도 바꿔야 한다. 모든 시스템을 책 쓰기 모드로 바꾼다. 그 대신 옛것을 살리면서 새로운 문물을 받아들이는 마음으로 만나는 사람들을 소중하게 생각하고 소통하고 배우면서 큰 그림을 그리기로 했다. 눈에 보이는 모든 사물을 글감으로 인식할 정도로 허투루 보지 않고 사진을 찍고, 메모를 할 것이다. 책을 정독하고, 그 안에서 책 재료가 되는 것은 책 재료 폴더에 저장할 것이다.

작가의 길을 걷기로 결정한 것이 내 인생에서 가장 잘한 일이라고 생각한다. 마음속에서 작가가 되고자 하는 강한 욕구가 꿈틀거리고 있다. 작가가 되어 내가 쓴 책에 사인을 해 주고 싶고, 강연가가 되고 싶고, 인생 후배들에게 동기를 부여해 주는 사람이 되고 싶다. 남들이 뭐라고 하든 작가로서 인생 후배들의 멘토가 되고 싶다.

〈책 쓰기 과정〉을 들은 지 어느덧 4주 차가 되었다. 매주 독서 토론을 하고 목차를 작성하면서 책을 쓰기 위한 의식화가 절실함을 깨닫게 되었다. 두려움 반, '나는 작가다'라는 자신감이 반이다. 책을 쓰는 것이 결코 쉽지는 않지만, 의식화하면서 조금씩 바뀌는 자신을 발견한다. 이렇게 '책 쓰기 모드'로 바뀌면 글을 쓸 수 있겠다는 자신감이 생겼다. 나도 이제는 독자가 아니라 책을 쓰는 작가를 꿈꾸고 있다. '이미 이루어졌다'라고 생각하고 살면 반드시 이루어진다는 믿음이 마음속에 자리 잡았다.

"내 65년의 생애는 자랑스럽고 떳떳했지만 이후 30년의 삶은 부끄럽고 후회되고 비통한 삶이었습니다. 나는 퇴직 후 '이제 다 살았다. 남은 인생은 그냥 덤'이라는 생각으로 그저 고통 없이 죽기만을 기다렸습니다. 덧없고 희망이 없는 삶… 그런 삶을 무려 30년이나 살았습니다. (중략) 그땐 나 스스로가 늙었다고, 뭔가를 시작하기엔 늦었다고 생각했던 것이 큰 잘못이었습니다. 나는 95살이지만 정신이 또렷합니다. 앞으로 10년을 더 살지 모릅니다. 이제 나는 하고 싶었던 어학공부를 시작하려 합니다. 그 이유는 단 한 가지… 10년 후 맞이하게 될 105번째 생일날 95살 때 왜 아무것도 시작하지 않았는지 후회하지 않기 위해서입니다."

고(故) 강석규 박사의 칼럼 〈어느 95세 어른의 수기〉 중 한 부분이다. 나도 나이가 들어서 후회하고 싶지 않다. 니는 책을 쓰는 방법을 배우는 데 그치지 않고 지속적으로 1년에 한 권 이상의 책을 쓸 것이다. 물론 책을 쓰는 것 못지않게 마음의 양식인 책을 읽을 것이다.

김태광 코치의 《운명을 바꾸는 기적의 책쓰기 40》에는 "책을 쓰지 않은 채 하는 독서는 밑 빠진 독에 물 붓기나 다름없다. 밑 빠진 독에는 아무리 물을 부어도 밑으로 새어 나간다. (중략) 사람들이 많은 책을 읽는데도 생활에 변화가 없고 인생이 그대로인 것은 이 때문이다. 심도 있는 독서를 하려면 반드시 책 쓰기를 병행해야 한다. 그래야 성장이 가능해진다. 더 나아가 운명을 바꾸는 독서가 된다."라고 나와 있다. 책 쓰기를 하면 독서의 수준이 달라진다.

나는 나의 책을 읽어 주기를 바라기 전에 나부터 책을 읽는 습관을 지닐 것이다. 아울러 젊은이들에게 동기부여를 해 주는 힘찬 삶을 자랑스럽게 보여 줄 것이다. 그리고 세상의 모든 이들이 내 책을 읽고 즐거워하는 모습을 상상해 본다.

작가가 되기 위해서는 글을 잘 쓰는 것도 중요하지만 체력도 중요하다. 나는 건강한 몸을 위해 일주일에 네 번 헬스장에서 운동을 한다. 대학 강의는 앞으로 3년은 더 할 수 있다. 부족한 부분을 의식화시킬 수 있는 시간도 있다. 나를 좀 더 성장시켜야 한다. 그러면 책 쓰기도 향상되리라 믿는다.

열망하고 바라면 꿈은 반드시 이루어진다. 원하는 것이 있을 때 '이미 가졌다'라는 느낌을 계속 유지하면 우주가 최단시간 내에 그것이 실현되도록 도와준다고 했다. 나는 간절히 원하고 있으므로 이미 실현되었다는 느낌을 계속 유지할 것이다.

평범한 사람이 자신의 지식과 경험을 나누며 영향력을 펼칠 수 있는 가장 쉽고 빠른 방법은 '책을 쓰는 것'이다. 이 들뜬 기분을 끝까지 유지해서 좋은 책을 세상에 내놓고 싶다. 꿈은 꾸면 이루어진다. 아직도 나는 꿈을 만들고 있고, 꿈이 실현된다는 믿음을 지니고 산다. 소망이 이루어진 느낌을 좀 더 자주 환기시킨다면 운명의 주인이 될 수 있다. 나는 소망이 이루어진 상태를 상상한다. 다른 것은 필요 없다. 소망이 이루어진 느낌을 만끽하고자 한다.

나는 작가다!

아내에게 3년 이내 BMW 승용차 선물하기

나는 6남매 중 둘째다. 아내는 나와 결혼하면서 맏며느리는 아니니 시집살이가 조금은 편하겠다고 생각했을 것이다. 그런데 장모님께서는 늘 아내에게 "너는 맏며느리 팔자야."라고 하셨다. 그 말이 맞아떨어졌다. 20여 년 전 형 부부가 외국으로 이민을 떠나면서 둘째인 우리 부부가 부모님을 전적으로 보살피게 되었다. 아버지께서 공직에 몸담으셨던 터라 연금이 나와 생활은 비교적 안정적인 편이었다. 하지만 앞으로 집안의 대소사를 어떻게 이끌어 가야 할지 큰 고민이었다. 내 걱정과 달리 아내는 집안에 일이 있을 때마다 만사를 제쳐 놓고 시부모님이 계시는 시골로 내려가서 물심양면 일을 도왔다.

어느 날 우리 6남매 중 셋째의 회사가 부도났다. 남매 간에 우애 있게 잘 지내라는 아버지의 평소 바람대로 다들 셋째의 회사에 십시일반 투자했었기에 경제적으로 큰 타격을 받았다. 설립한 지 5년도 안 된 신생회사가 부도났으니 큰일이 아닐 수 없었다. 아버지는 무역금융보증 책임을 지느라 작은 집으로 이사해야 했고, 막내와 넷째도 살던 집을 팔고 전세로 가야 했다. 그 와중에 현금을 융통해 주지 않으면 셋째가 구속될 수도 있다는 말을 들었다.

그때 나는 대기업을 그만두고 사업을 시작한 지 10여 년이 지나 어느 정도 안정된 삶을 영위하고 있었다. 셋째의 사업에 투자한 것도 없어 우리 집은 타격을 입지 않았다. 나는 아내에게 우리 집을 담보로 은행 융자를 받아 셋째에게 주자고 했다. 아내는 그렇게는 할 수 없다고 단호하게 거절했다.

무엇 하나 제대로 수습되지 않고 어수선한 상황에 막막하기만 하여 아내를 다시 설득했다. 먼저 급한 것만 막을 수 있도록 도와주자는 데 의견을 모으고 아내의 적금 통장을 해지하기로 했다. 7,000만 원이었다. 아무리 시집 어른의 말씀도 있고, 시동생의 부도가 안쓰럽다고 해도 7,000만 원을 선뜻 내놓을 며느리는 없을 것이다.

아내 덕분에 우리 집안의 우환은 어느 정도 일단락 지어졌다.

하지만 셋째는 부도 이후 지금까지도 힘들어 하고 있다. 아내는 지금도 그때를 생각하면 가슴에서 무언가 솟구치는 것 같아 보여 내 마음도 편치 않다. 서로 대화를 할 적에도 마음의 상처를 끄집어내는 이야기는 삼가고 있다.

우리 집은 제사를 많이 지내는 편이다. 1년에 제사 여섯 번, 차례 두 번을 모신다. 결코 쉬운 일이 아니다. 많이 힘에 부쳤는지 아내는 10년 전부터 갑상선 기능항진증, 부정맥 등을 앓았다. 8년 전 딸이 시집을 가고, 2년 전에는 아들이 장가를 가면서 이제 우리 부부만 남았다. 아내에게 내가 해 줄 수 있는 것이 없을까 생각해 보았다.

아내는 여행을 좋아한다. 나는 아내와 함께 여행을 자주 다녔다. 아내는 여행을 가기 전 준비하는 시간을 가장 좋아했다. 가족을 위해 바깥출입도 자제하던 아내가 이제라도 좋아하는 여행을 실컷 하며 친구도 많이 만났으면 좋겠다. 딸은 호주에 있어 자주 볼 수 없지만 가까이 사는 아들 부부와 함께 곳곳을 여행하면서 힐링하는 시간을 가졌으면 한다. 아내가 어디라도 원할 때면 훌쩍 떠날 수 있도록 차를 선물할 것이다. 차종은 아내에게 잘 어울리는 BMW로 골랐다.

아내는 사실 BMW 승용차보다 정원이 있는 집을 더 원한다. 텃밭에 토마토도 심고, 고추도 심고, 상추도 심으며 사는 전원생활을 더 갈망한다. 하고 싶은 것 다 하면서 살 수 있다면 얼마나 좋을까. 덧없는 시간 속에서 삶은 흘러간다. 짧은 생의 많은 부분을 일상적인 일들이 차지해 소망하는 것을 못하니 허무하다.

나는 아내가 살면서 잃어버리기 쉬운 행복을 지켜 주고 싶다. 감동적이고 격한 사랑도 주고 싶다. 우리는 잃어버린 무엇인가를 찾기 위해서 헤매기도 하고 여행을 통해서 탐험과 탐색을 하기도 하지만 그것이 자기 안에 있다는 사실을 모른 채 살아왔는지도 모른다. 삶은 여행이다. 어떤 삶이 나를 기다리고 있는지 모른다. 삶을 아름다운 여행으로 만드는 것도 우리 몫이다. 과거에 매달려서 회고하는 삶을 살아서는 발전이 없다.

나는 아내에게 BMW 승용차를 사 준다고 약속하면서 웨인 다이어의 저서 《확신의 힘》을 떠올렸다.

"지금까지 우리가 받은 최고의 선물은 상상이다. 신비한 우리의 내면에는 모든 소원을 이룰 수 있는 능력이 있다. 이 상상에는 우리가 아는 한, 가장 위대한 힘이 들어 있다. (중략) 실현하고 싶지 않은 것은 상상하지 마라. 대신 간절히 바라는 소원으로 창조적인 생각을 가득 채우고 넘쳐흐르게 하는 연습을 시작하라."

상상하면 이루어진다. 꿈을 품고, 되고자 하는 사람이 되어 있는 자신을 상상하라. 평범한 의식 수준에서 살아가며 상상했던 것보다 훨씬 많은 소원을 이루어 주는 이 기본적인 원리를 마음속에 간직하고 싶다. 불가능하다고 생각하더라도 그것과 상관없이 상상을 귀하게 여기면서 상상 속에만 존재하는 것이라도 열정적으로 믿기로 했다.

남은 인생도 수레바퀴처럼 굴러가는 삶을 살 수는 없다. 아내에게도 제2의 인생을 열어 주어 함께 즐겁게 살고 싶다. 숱한 어려움을 이겨 낸 지난 시간들을 생각하면 아내에게는 BMW 승용차로도 부족하다.

남편의 뒷머리만 쳐다보며 살아온 아내에게는 이기적인 내가 많이도 미웠을 것이다. 그래도 옛날보다 많이 나아졌다는 소리를 들으면 기분이 좋다. 아직도 남편으로서의 존재감이 아내의 마음속에 있다는 것은 부부가 아니면 느끼지 못하는 부분이다.

나는 앞으로 인생의 마무리 단계로 책을 쓰면서 사랑하는 아내의 BMW 승용차에 함께 몸을 싣고 전국을 누비며 외칠 것이다.

"난 당신 때문에 살아! 당신을 무지무지 사랑하고 또 죽을 때까지 사랑하겠소!"

학사, 석사, 박사
다음으로 **작가 학위**가 있다는 것 알리기

"당신이 되고 싶은 무언가가 있다면 일단 자신에게 기회를 주어라."

마이크 맥라렌의 말이다. 많은 사람들이 자신에게 주어진 기회를 자아성취에 쏟는다. 그중 한 방법으로 박사 학위를 취득하기도 한다. 그리고 강단에 서기 위해서 많은 시간을 들여 피와 땀이 섞인 노력을 한다. 요즘 많은 사람들이 직장을 그만둘 때를 대비해서 학위를 취득하고 있지만 장롱학위가 많다.

우리나라 인구의 0.3%, 즉 15만 명이 박사 학위를 가지고 있다고 한다. 그 사람들이 모두 전공 분야에서 근무할 수 있는 것은 아니다. 아이러니하게도 실업자 중 고학력자들이 가장 높은 비중을 차지하고 있다. 박사급 인재를 소화도 못 시키는 상황이고 일자리도 없다.

나는 그래도 운이 좋아 대학에서 강의를 하고 있다. 원하는 삶을 살고 있다는 나름대로의 자부심도 있다. 내 인생에서 주어진 기회를 학위 취득과 자아성취에 투자했다고 해도 과언이 아니다.

내가 아는 어떤 사람은 독일에서 철학박사 학위를 받아 와서 전문대학에서 윤리를 가르치고 있다. 문제는 박사 학위를 따서 인생역전을 하거나 큰 꿈을 이룬 사람이 드물다는 것이다. 젊은 박사들도 시간강사부터 출발한다. 20여 년 이상 강의를 해야 정교수 임용심사를 받는데 그 과정이 치열하다. 요즘은 미국이나 영국에서 박사 학위를 취득해도 국내에서 받아 주지 않는다.

나는 어린 시절 선생님이 되는 것이 꿈이었다. 하지만 중학교와 고등학교를 거치는 동안 꿈이 엷어졌다. 나중에 커서 무엇이 되겠다는 생각도 하지 않았다. '대학에 가면 뭐라도 되겠지'라는 생각뿐이었다. 대학을 졸업하고 대기업에 취직했다. 회사에서 해외 파견 근무도 했다. 당시에는 세상이 내 마음대로 돌아가는 기분이었다.

그러나 결혼을 하고 가장이 되니 생존 경쟁이 만만치 않았다.

회사를 뛰쳐나와 자영업도 해 보았지만 신분 상승은 할 수 없었다. 내가 과연 진정으로 좋아하는 일을 하고 있는지 자문해 보았다. 지금처럼 무사안일하게 사는 삶이 제대로 사는 삶일까? 각도를 바꾸어서 바라봐야 한다는 생각이 들기 시작했다.

요즘 나는 '시골의사' 박경철이 제일 부럽다. 그는 《시골의사의 부자 경제학》이라는 책 한 권으로 172쇄라는 경이적인 기록을 남겼다. 그리고 강연가로서도 활발히 활동하고 있다. 많은 직장인들이 그의 강연에 귀를 기울인다. 나도 그처럼 되고 싶다는 생각이 들었다.

나는 책을 무척 좋아한다. 책에 미치고 책이 좋아 사는 사람이다. 자기계발 서적도 읽지만 철학 또는 인문학 서적을 주로 읽는다. 전철이나 버스에서 책을 읽으며 혼자만의 시간을 즐긴다. 그러면 그날 하루가 잘 진행되는 느낌이다.

어느 날 우연히 〈한책협〉 김태광 코치의 《이젠 책쓰기가 답이다》와 임원화 작가의 《한 권으로 끝내는 책쓰기 특강》을 읽게 되었다. 나도 책을 써야겠다는 생각이 머릿속에서 맴돌기 시작했다. 다음 카페 〈내 인생의 지도〉에 '나와 사회변동'이란 글을 올리면서 예상 외로 많은 사람들이 나의 글을 읽고 있음을 알게 되었다. 책을 한번 써 보면 어떨까 싶었다. 그때 〈한책협〉이 떠올랐다. 책

쓰기에 대한 욕구를 풀고자 〈1일 특강〉을 신청했다.

'잘 쓴 저서 한 권은 박사 학위보다 더 빛난다. 많은 사람들이 자기계발을 하고 있다. 세상에서 가장 강력한 작가와 강연가, 사업가가 되어 현역으로 살아가야 한다'는 강연 메시지가 나의 뇌리에 박혔다. 늦게라도 시작하는 것이 하지 않는 것보다 낫다는 생각이 늘었다. 그렇게 해서 나는 공저 작업에도 참여하고, 〈책 쓰기 학교〉 과정을 밟고 있다.

2016년 5월 30일 〈한책협〉 카페에 가입한 뒤 2개월이 지나면서 내 삶에도 많은 변화가 있었다. 〈1일 특강〉 5회, 공저 6꼭지, 〈책 쓰기 학교〉 6주 차를 소화했다. 내가 생각해도 신기하다. 젊은 작가들보다는 부족하지만 살아온 경륜을 무기 삼아 부닥쳐 나가니 조금씩 자신감이 생겼다.

"원하는 것을 생각해서 이미 원하는 모습이 되었다는 것을 사실로 받아들이십시오. 그 심상이 단단한 실체라는 느낌 속에 푹 빠지십시오. 그 상상의 이미지 속에 실제라는 감각을 주었다면 여러분은 객관적인 외부 세상에 주어야 할 은총을 주관적인 내면 세상에 준 것입니다."라는 네빌 고다드의 말이 나를 자극했다. '나도 작가가 될 수 있겠구나' 하며 일말의 희망을 가지게 되었다.

"나는 사람들에게 '독자'에서 '저자'로 자신의 인생을 업그레이드하라고 조언한다. 독자에서 저자로 신분에 변화가 생기면 또 다른 세상이 펼쳐진다. 독자는 작가의 책을 읽어 주는 수동적인 사람에 지나지 않지만, 책을 써서 저자가 된다면 독자들에게 자신의 지식과 경험, 철학을 들려주는 능동적인 사람으로 거듭나게 된다. 나는 이를 '신분 상승'이라고 표현한다."

〈한책협〉 김태광 코치와 〈위닝북스〉 권동희 회장의 저서 《운명을 바꾸는 기적의 책쓰기 40》에 나온 말이다. 물론 작가가 되고 싶은 것은 개인의 문제다. 사람에 따라서 첫 출발부터 난항을 겪을 수도 있다. 아니면 호조를 보이다가 방향감각을 잃고 헤매거나 낙담할 수도 있다. 하지만 내가 지금까지 작가 수업을 받으면서 느낀 것은 그렇지 않았다. 작가 수업을 받기로 선택한 것은 참 잘한 일이다.

김태광 코치는 〈1일 특강〉 때마다 "책을 쓰면 공부하는 만큼 나 자신이 발전함은 물론이고, 나를 가장 확실하게 알리는 좋은 방법이 됩니다."라고 말한다. 많은 사람들이 책을 쓰려는 이유는 무엇일까? 가장 큰 이유를 꼽는다면 책이 '전문가로 인정받는 자격증'이기 때문이다. 책을 쓰는 순간 해당 분야의 전문가가 되기 때문이다.

나는 〈한책협〉에 와서 인생의 재미와 행복을 찾았다. 더 이상 물러설 곳이 없다. 책 쓰기를 선포한다. 시간만 나면 목차를 보고 책 쓰기를 하는 모드로 바꾼다. '책 쓰기는 인생에 있어서 최고의 학위다'라는 말이 실감이 난다. 이제 나는 사람들에게 자신 있게 말할 수 있다.

"내 이름으로 된 한 권의 저서는 박사 학위보다 더 가치가 있다. 나는 학사, 석사, 박사보다 작가 학위가 더 자랑스럽다!"

버

킷

리

스

트

9

| Chapter 6 |

목표와 꿈에 집중하는
행복한 삶

최영은

최영은

작가, 강연가, 감정관리 코치, 드림 메신저

건설회사 사업관리파트에 근무 중인 15년 차 직장인으로, 꿈 없이 앞만 보며 달려왔던 인생을 돌아보고 다시 가슴 뛰는 꿈을 위해 살기로 결심했다. 인간이 태어나면서부터 느끼고 표현하는 감정을 잘 조절하는 것이 행복한 삶을 사는 열쇠임을 알고 감정관리 코치로 활동하고 있다. 감정 조절로 불행했던 삶이 행복해지는 경험을 하고 현재 감정관리에 관한 개인저서를 집필 중이다.

| E-mail choiye63@naver.com
| Blog http://blog.naver.com/choiye63

허브농장이 있는 전원 북카페에서 엄마와 살기

"예쁜 옷 사 줘서 고마워."

내가 사다 준 원피스를 가만히 보던 엄마가 웃으며 말씀하셨다. 엄마는 6개월째 입원 중이다. 지난 설 연휴 마지막 날 뇌출혈로 쓰러지셔서 지금까지 병원생활을 하고 있다. 그런 엄마를 위해 작은 희망이나마 드리고 싶었다. 퇴원할 때 입으시라고 예쁜 여름 원피스를 사다 드렸다. 대구가 고향인 엄마는 전형적인 경상도 사람이라 좋아도 '좋다', 맛있어도 '맛있다'는 표현 한번 하지 않으셨다. 그런 엄마가 내 선물에 아이처럼 좋아하며 고맙다고 한 것이다. 순간 눈물이 왈칵 쏟아질 뻔했다.

　엄마가 뇌출혈로 쓰러져서 119를 타고 병원 응급실에 도착했을 때 상황은 생각보다 좋지 않았다. 응급수술은 바로 이루어지지 않았다. 하루 정도 상태를 지켜보고 환자가 버티면(살아 있다면) 수술을 한다고 당직 의사가 말했다. 분명히 몇 시간 전만 해도 웃으면서 배웅해 주던 엄마였는데, 내일이면 못 볼지도 모른다니 믿을 수 없었다. 지방의 대학병원이라서 그런 거 아니냐며 서울의 큰 병원으로 가야겠다고 응급실에서 소란을 피웠다. 어떻게 몇 시간 전만 해도 멀쩡하던 사람을 죽은 사람 취급하냐며 소리를 질렀다. 다행히 엄마는 하루 동안의 고비를 잘 버텨 주셨다.

　오전 10시경 수술실에 들어가기 전 엄마를 잠깐 볼 수 있었다. 이게 엄마의 마지막 모습일지도 모른다는 생각에 눈물이 하염없이 흘렀다. 수술은 자그마치 9시간이 지나서야 끝이 났다. 나는 그동안 설 연휴라서 출근길이 막힐까 봐 하루 전날 급하게 집을 나선 나를 수없이 원망했다. 내가 만약 그날 집에 있었더라면, 그렇게 급하게 집을 나서지만 않았더라면 엄마에게 이런 일이 일어나지 않았을 텐데… 배웅해 주시던 엄마의 얼굴이 자꾸만 떠올랐다. 다 내 탓인 것만 같았다. 이대로 엄마가 잘못된다면 나도 살수 없다고 생각했다.

　수술을 마치고 나온 엄마는 어제와 완전 다른 사람이었다. 개

두술로 얼굴이 퉁퉁 부어 있었고, 의식이 없어서 어떤 말도 알아듣지 못했다. 그래도 살아 계셔서 너무 고맙고 다행이었다. 수술은 성공적으로 끝났지만 엄마는 중환자실과 일반 병실을 몇 번 왔다 갔다 하며 나빠졌다 좋아졌다를 반복했다.

엄마는 이 힘든 시기를 너무나도 잘 버텨 주셨다. 수술 부위가 워낙 위험한 부위라 산다고 해도 정상적으로 생활하기 힘들다는 의사의 말과는 달리 엄마는 기적처럼 점점 더 좋아지고 있다.

시련은 엄마에게도 삶의 변화를 가져다주었다. 중환자실에서 일반 병실로 옮기고 나서 엄마는 내게 이런 말씀을 하셨다.

"그래도 죽고 싶진 않더라."

나는 수술 이후 힘들어하는 엄마를 지켜보면서 내 욕심에 엄마를 힘들게 하는 것은 아닐까 생각했다. 엄마는 수술 부위의 통증을 견디지 못하고 몸을 심하게 움직여 병원 침대에 손발이 묶인 채 일주일을 보내야 했다. 아프다고 풀어 달라고 소리치는 엄마를 보면서 '그냥 편하게 보내 드렸어야 하나?'라는 생각을 수도 없이 했다.

그런데 엄마 입에서 죽고 싶진 않더라는 말을 들으니 내가 얼마나 부질없는 생각을 했는지 깨달았다. 엄마는 지금의 삶을 선물이라고 생각하신다. 나 역시 엄마와 함께 지내는 이 시간이 나에게 주어진 선물처럼 느껴진다.

　전형적인 경상도 사람인 우리 엄마도 나긋나긋할 때가 있다. 우리 집 베란다 작은 정원에서 꽃을 키울 때다. 엄마는 아침마다 꽃들과 이야기를 나눈다. 더워서 목이 마를 때도 화분에 먼저 물을 주고 나서 마실 정도로 꽃을 자식같이 생각하신다. 그래서인지 우리 집 꽃들은 남들이 부러워할 정도로 잘 자란다. 아파트 관리사무실 직원이나 소독하러 오시는 아주머니들이 감탄하며 우리 집 베란다 정원을 구경할 정도다.

　가끔 아파트에 버려진 화분이 있으면 낑낑거리며 주워 오신다. 내가 "다 죽은 거 뭐 하러 들고 와? 버리기 힘들게."라고 툭 내뱉으면 엄마는 "아이고, 불쌍하잖아." 하시며 물을 주고 가지를 대다시 건강하게 꽃을 피워 낸다. 엄마는 이렇게 사랑이 많은 분이다. 보잘것없는 나무도 사랑으로 대하는 엄마를, 단지 표현하지 않는다고 내가 몰라 준 것이다. 나에게도 목마를 땐 물을 주고, 아픈 데는 나무를 대며 키워 주셨는데 나는 혼자 저절로 자란 줄 알고 살았다.

　이제는 나도 엄마에게 꽃을 피워 보답하고 싶다. 몇 년이 걸릴지 모르지만 엄마에게 꼭 선물하고 싶다. 봄이 시작되면 목련화,

개나리, 재스민이 피고, 여름이 되면 덩굴장미, 백합, 또 가을에는 국화꽃이 피는 집, 1년 내내 꽃을 보고 살 수 있는 집을 지어 드릴 것이다.

나는 상상한다. 정원에는 푸른 잔디가 이슬을 머금고 있다. 수십 그루의 나무가 한쪽에 그늘을 만들고, 종류를 헤아리기도 힘든 꽃들이 활짝 피어 있다. 그 가운데 전면이 유리창으로 된 3층 건물의 북카페가 있다. 천장이 높은 1층은 전면이 책장으로 둘러싸여 있다. 책장에는 수천 권의 책들이 꽂혀 있다. 한쪽에는 언제든지 향기로운 커피를 마실 수 있는 커피라운지가 있다.

나는 정원이 한눈에 내려다보이는 북카페 테이블에 앉아서 책을 읽고 있다. 정원에는 호호 할머니가 된 엄마가 있다. 엄마는 꽃에 물을 주고 엉킨 줄기도 풀어 주면서 정원을 돌본다. 그러다 1층 북카페에 있는 나를 보고 손을 흔든다. 나도 읽던 책 너머로 엄마를 보고 웃으며 손을 흔들어 준다. 나는 엄마와 함께 있는 우리 집에서 책을 읽고, 책을 쓰고, 강의 준비를 한다.

엄마가 수술실로 들어갔을 때 나는 이런 생각을 했다. 백발에 꼬부랑 할머니가 되어도 엄마가 내 옆에 살아 계시기만 했으면 좋겠다고. 그리고 머리가 하얗고 얼굴에는 주름이 진 한없이 약한 엄마의 모습을 상상했다. 신기하게도 지금 엄마의 모습은 내가 상상하던 모습과 많이 닮아 있다. 그리고 엄마는 달라진 외모와 함께 생각도 많이 달라지셨다. 아프고 답답한 병원생활을 하면서도 얼굴은 아프기 전보다 훨씬 편안해 보인다.

나는 회사생활을 하면서 예기치 않은 상황에 부닥치면 나를 원망하고, 주변 사람들을 미워하며 살았다. 엄마가 아플 때도 돌아가신 아빠를 많이 원망했다. 살아서도 우리를 안 지켜 주더니 하늘나라에서도 엄마 하나 못 지키냐고 말이다. 그런데 엄마는 그렇게 힘든 일을 겪고도 너무나 편안해 보인다.

엄마를 보고 나는 많은 것을 배웠다. 모든 것은 내가 생각하기에 달렸다. 한없이 불행할 수도 있는 상황도 다르게 생각하면 한없이 고마운 일일 수 있다.

불행과 행복은 쌍둥이라고 한다. 엄마와 나는 불행하지만 행복한 하루하루를 살고 있다. 삶은 선물이라는 것을 알려 준 엄마에게 이 말을 꼭 해 주고 싶다.

"엄마, 사랑해요!"

1년에 **책** 1권씩 쓰는 **베스트셀러 작가** 되기

"나의 장래 희망은 선생님이 되는 것입니다."

초등학교 때 장래 희망에 대해 발표하는 시간이었다. 나는 그때까지 하고 싶은 일도 없고 딱히 무엇이 되고 싶다고 생각해 본 적이 없었다. 내 순서를 기다리며 아주 짧은 시간 고민을 해 봤지만 아무것도 떠오르지 않았다. 그래서 제일 많은 아이들이 발표한 '선생님이 되고 싶다'라는 내용을 따라 말했다. 이때가 내가 꿈에 대해 처음으로 생각한 시간이었다.

내가 초등학생이던 시절, 우리 집은 부유했다. 가지고 싶은 것은 무엇이든지 가질 수 있었다. 나는 그것이 당연하다고 생각했다. 그래서 '간절함'이라는 것을 몰랐다. 되고 싶은 것도 없고, 하고 싶은 일도 없었지만 이상하다는 생각도 하지 못했다.

대학교 입학 때도 적성이 아닌 성적에 맞춰 취업에 도움이 되는 컴퓨터공학과를 선택했다. 학교생활은 나름 재미있었고 성적도 꽤 좋았다. 그런데 졸업을 하고 대학원에 입학하면서 문제가 생겼다. 대학원생활은 학부와 다르게 말랑말랑하지 않았다. 프로젝트와 수업을 병행하면서 과도한 업무에 시달렸다. 집에 있는 날보다 학교에서 밤을 지새우는 날이 많았다. 그렇게 쉴 새 없이 일하는데도 성취감은 맛볼 수 없었다. 몸도 마음도 점점 망가지고 있었다.

하루하루를 힘겹게 버티다가 급기야 스트레스와 영양실조로 입원까지 하게 되었다. 꿈도 없이 달리기만 했던 나는 어려움을 극복하기 힘들었다. 나는 인생이라는 바다에서 앞으로 나아가지 못하고 허우적거렸다. 그때 이미 20대 후반에 들어서고 있었다. 지금 생각해 보면 뭐든 시작해도 늦지 않았을 나이다. 하지만 그때의 나는 조급한 마음만 들었다. 다들 직장에 다니며 자기 자리를 찾고 미래를 설계하고 있는데 나는 출발도 못한 것 같았다.

'다시 시작하기엔 너무 늦었다. 나는 이제 어떡하지?'

그때부터 지금까지 나는 한심하게도 고민만 하면서 살아왔다. 꿈이 없이 대충 선택한 전공으로 대학원생활이 힘들었듯이, 돈벌이를 위한 직장생활 역시 힘들었다. 시행착오를 겪고도 똑같은 실수를 저지르고 있었다. 실수는 누구나 할 수 있다. 그러나 결과를 바꾸는 것은 실수가 아닌 실수 이후의 행동이다. 나는 여전히 실수만 하고 있었다.

직장생활이 버티기 힘들어 사표를 내려고 할 때 우연히 김태광 작가의 《사표 대신 책을 써라》라는 책을 읽게 되었다. 순간 누가 내 머리를 망치로 내리치는 느낌을 받았다. '사표 안 써도 되나? 정말 그런 일이 가능할까?'라는 생각이 들었다. 나는 당장 〈한책협〉의 〈1일 특강〉을 신청했다.

처음에는 속는 셈치고 한번 가보자는 생각에 기대 없이 참석했다. 강의실에는 꿈꾸는 사람들이 가득 차 있었다. 다들 소풍날 운동장에 모인 아이들처럼 흥분해 있었다. 삼삼오오 모여 밝게 웃으면서 이야기하고 있었다. 나만 위축되어 소심하게 그들을 훔쳐보기만 했다.

드디어 내가 감명 깊게 읽은 책의 저자인 김태광 작가가 나타났다. 그는 어려운 환경에서도 작가의 꿈을 버리지 않고 지금까지 달려왔다고 했다. 꿈을 향해 한눈팔지 않고 달려왔기에 슈퍼카를 가진 수십억 원의 자산가가 되었다고 했다. '꿈에 그런 큰 힘이 있나?', '꿈을 꾸면 어려움을 모두 극복할 수 있나?' 특강 시간 내내 머릿속에는 이런 물음만 떠올랐다.

그래, 밑져야 본전이지! 나는 사표 대신 책을 쓰기로 결심했다. 나에게 책 쓰기는 지금 생활에서 도망가지 않고 버티기 위한 수단이었다. 이렇게 나의 첫 책 쓰기는 나를 위한 책 쓰기로 시작되었다.

책을 쓰기 위해서는 많은 책을 읽어야 한다. 나는 학창시절 독후감 숙제 때문에 권장도서를 읽었던 것을 제외하면 책을 거의 읽지 않았다. 부끄럽지만 요즘 읽은 책들이 평생 읽은 책보다 더 많을 것이다. 그런데 이상하게도 책을 읽으면서 가슴이 뛰기 시작했다. 참 많이 울고 많이 웃었다. 그동안 감정을 표현하지 않고 꾹꾹 눌러 담느라 가슴의 응어리가 커져 어느 순간 터져 버릴 것만 같았는데 책을 읽으면서 서서히 마음이 풀리는 것을 느꼈다. 사소한 일에도 화를 내고, 주변 사람들에게 심하게 상처받는 일도 차츰 줄어들었다.

나는 지금 책을 읽고 책을 쓰며 원하는 삶을 살고 있다. 나는 여태까지 남들에게 보여 주기 위한 삶을 살아왔다. 40대가 된 지금, 나는 꿈을 꾼다. 이제라도 꿈꿀 수 있어서 다행이다. 책 한 권으로 내 인생이 달라졌다. 살아 있지만 죽어 있던 나를 진정으로 살게 해 주었다. 그래서 나는 꿈을 꾼다. 나의 인생을 다시 살게 해 준 책, 책을 쓰는 작가가 되기로 말이다.

책을 쓰기 전에 나는 아무것도 아니었다. 그냥 지구상에 떠다니는 먼지 같은 미미한 존재였다. 김태광 작가는 "유명해져서 책을 쓰는 것이 아니라 책을 써서 유명해져라.", "끝에서 시작하라." 라는 메시지를 나에게 전달했다. 지금 나는 부정적 감정에 대한 책을 쓰고 있다. 나는 책을 쓰면서 부정적인 감정을 잘 다룰 수 있게 되었고, 긍정적인 사람으로 바뀌고 있다. 평범한 사람인 내가 책을 써서 나를 치유했다. 다른 사람들도 나처럼 치유되기를 바란다. 책 쓰기가 가지고 있는 일석이조의 효과다. 이제는 당당히 꿈을 말할 수 있다.

"나는 베스트셀러 작가가 되는 것이 꿈입니다."

꿈이 없이 막연하게 살던 시절, 수많은 사람들이 충고를 해 줬지만 나는 바뀌지 않았다. 그 이유는 내가 충고를 받아들일 마음이 없었거나 그들의 말을 새겨듣지 않았기 때문일 것이다. 부모님이나 선생님이 해 주는 충고를 가슴 깊이 새겨듣고 따르는 사람이 몇이나 될까? 대부분이 잔소리로만 여기고 흘려듣는다.

나는 책을 쓰기 시작하면서 욕심이 생겼다. 책을 쓰면 전문가로 인정받고 영향력을 끼칠 수 있다. 내가 구태여 말로 하지 않아도 많은 사람들이 내 이야기를 새겨듣게 될 것이다. 내가 한 권의 책을 만나 인생이 바뀐 것처럼, 나도 많은 사람들에게 선한 영향력을 끼치며 살고 싶다.

나는 선포한다. 올해 크리스마스에 나는 산타가 될 것이다. 내가 쓴 책을 예쁜 포장지로 정성껏 싸서 크리스마스 선물로 줄 것이다. 힘든 일이 많았지만 잘 버텨 주었고 잘 살았다고, 앞으로도 열심히 살자고 스스로를 칭찬하며 나에게 선물을 줄 것이다. 그리고 매년 크리스마스마다 나에게 그리고 세상 사람들에게 내 책을 선물로 줄 것이다.

나는 나이 먹는 것이 두려웠다. 40대가 시작되고 그 두려움은 시도 때도 없이 내 머릿속을 맴돌았다. 잠 못 이루는 날도 점점 늘어났다. 하지만 꿈을 향해 나아가는 지금, 더 이상 두려움과 걱정은 없다. 나이 먹음을 소중하게 생각할 것이다. 매년 크리스마스마다 어떤 책을 선물 받을까 상상하면 설렌다. 책장에 내 책을 꽂을 칸을 비워 둘 것이다. 거기에 내 책이 한 권 한 권 쌓여 가는 것을 상상한다. 책장 가득 채워진 책들을 보며 흐뭇하게 미소 짓는 내 모습을 그려 본다. 나는 베스트셀러 작가다!

긍정 메신저,
꿈 메신저,
강연가로 살기

"사람들은 내게 죽으라고 했지만 난 살아서 행복해질 것을 선택했어요."

작고 가녀린 몸매의 강연가가 TED 강의에서 부드럽지만 단호하게 말하고 있다. 그녀는 10여 년 전, 동영상 사이트 유튜브에서 우연히 자신의 동영상을 발견했다고 한다. 400만 명이 넘게 조회한 8초짜리 영상에는 그녀의 어린 시절이 담겨 있었다. 그 아래 달린 댓글은 끔찍했다.

'리지, 제발, 제발 부탁 좀 들어줘. 머리에 총을 겨누고 자살해!'

누가 올렸는지도 모르는 동영상의 제목은 '세상에서 가장 못생긴 여자(the ugliest woman in the world)'였다. 동영상의 주인공인 리지 벨라스케스는 157cm의 키에 체중은 25kg도 안 된다. 단순히 마른 수준이 아니라 살이라고는 찾아볼 수 없다. 그녀의 몸과 얼굴은 골격이 그대로 드러나 보이고, 한쪽 눈은 시력을 잃어 실명된 상태다. 지방이 몸에 쌓이지 않는 마르팡 증후군이라는 희귀병에 걸려 살기 위해 하루에 예순 번 이상 음식을 섭취한다. 하지만 얼굴은 주름투성이에 뼈만 앙상하게 남아 있다.

하지만 그녀의 모습은 전혀 주눅 들어 보이지 않았다. 힘 있게 강의를 끌고 가는 모습에는 자신감이 넘쳤다. 사랑스러워 보이기까지 했다. 나는 리지의 강의를 보는 내내 신기하고 부러웠다. 무엇이 그녀를 저렇게 단단하게 만들어 주었을까? 그 비결이 너무도 궁금했다. 나도 외모 콤플렉스와 많은 사람 앞에 나서는 두려움을 극복하고 강의를 할 수 있을까 생각해 보았다.

나도 한때는 거침없고 자신만만한 남자아이 같던 시절이 있었다. 짧은 커트 머리에 키도 제법 커서 남자아이와 싸워도 지지 않았다. 공기놀이나 인형놀이보다 남자아이들과 구슬치기나 지우개 따먹기를 하며 노는 것이 좋았다. 한번은 어떤 남자아이가 내 친구의 원피스에 먹물을 쏟고 도망갔다. 나는 방과 후 그 남자아이의 집까지 쫓아가 "너 나한테 한 대 맞을래? 아님 내일 학교에 가서 선생님께 혼날래? 네가 선택해라."라고 말했다. 남자아이는 한 대 맞는 쪽을 선택했고, 나는 망설임 없이 그 남자아이의 뺨을 세게 때렸다. 나는 여자아이들의 보디가드이자 남자아이들의 두려움의 대상이었다.

이렇게 씩씩했던 내가 사춘기에 접어들면서 소심한 성격으로 변하기 시작했다. 집안 사정이 안 좋아지고 그로 인해 친구들에게 왕따를 당하게 되면서 자존감이 낮아진 것이다. 1년 넘게 왕따를 당하면서 외모 콤플렉스까지 겪게 되었다. 씩씩하고 남자아이 같던 성격은 어디론가 사라져 버렸다. 지금까지 그 트라우마를 극복하지 못했다.

리지 벨라스케스의 강연은 내 가슴을 쾅쾅 두드리는 것 같았다. 그녀는 유치원 첫날부터 왕따를 당하고, 알지 못하는 사람들의 악성 댓글에 시달렸다. 하지만 전 세계적인 조롱거리가 된 그날부터 세상의 편견에 맞서기로 한다. 부정적인 시선에 맞서 행복하게 살기로 선택한 것이다. 그녀는 지금 자신의 이야기를 소재로, 사람들에게 동기를 부여하는 연설가가 되었다. 그녀는 왕따와 사이버 폭력에 반대하며 '괴롭힘 방지법' 법안 통과를 위해 열심히 활동하고 있다. 리지는 '세상에서 가장 못생긴 여자'에서 '세상에서 가장 아름다운 행보를 보이는 사람'으로 변화했다.

사람들은 나쁜 일을 겪으면 자신이 세상에서 가장 불행하다고 느낀다. 스스로 불행하기로 선택한 것이다. 나도 그렇다. 누구나 겪는 일인데 마치 나만 그런 일을 당하는 것처럼 힘들어하고 속상해한다. 그러다가 '이런 내가 이상한 게 아닐까?' 하는 자책까지 하게 된다.

정신과 전문의 하지현의 《그렇다면 정상입니다》라는 책에서는 이렇게 이야기한다.

"많은 사람들이 진료실을 찾아와 하소연한다. '나에게만 자꾸 힘든 일이 생긴다. 사는 게 사는 게 아니다. 나는 분명 정상이 아니다'라고. 그러면 이렇게 대답한다. '그건 얼마든지 있을 수 있는 평범한 불행이다. 당신은 정상이다'라고."

책에는 상담소를 찾아온 사람들이 자신들의 불행을 상담한 내용이 실려 있다. 상담 사례를 읽어 보니 내가 겪은 것과 비슷한 고민들이었다. 나뿐만이 아니라 많은 사람들이 똑같은 고민을 하며 힘겹게 살아가고 있다는 것을 알게 되었다.

세상에서 가장 못생긴 여자라는 꼬리표를 달고 살아온 리지도 처음 동영상을 접했을 때 자기혐오에 사로잡혀 좌절했다고 한다. 그러나 그녀의 곁에는 항상 힘이 되어 준 부모님이 있었다. 항상 당당하게 고개를 들고 미소를 지으며 모두에게 친절하라는 부모님의 가르침 덕분에 자신을 존중하며 긍정의 힘을 얻을 수 있었다. 그녀는 자기 자신을 사랑하며 행복하게 살기로 선택했다. 그녀는 지금 작가로, 강연가로, 동기부여가로 성공한 삶을 살아가고 있다. 그녀를 괴물이라 비난하던 사람들, 죽으라고 욕하던 사람들이 규정짓는 삶을 부정했다. 꿈을 이루기 위해 사는 모습, 그리고 성공한 모습으로 자신을 규정지었다.

행복은 나의 선택이다. 내가 가진 것을 보고 속상해하고 불평할 수도 있고, 나쁜 상황을 극복하고 행복을 선택할 수도 있다. 나는 이제 나의 불행에 더 이상 힘없이 당하기만 하고 살지 않기로 했다. 내 삶의 목표와 꿈에 집중하며 살기로 했다. 그동안은 사람들이 나를 멋대로 규정짓게 방치했다. 나는 그들이 이야기하는 소심하고 자신감이 없으며, 운동신경이 없고, 낯가림이 심한 사람으로 살아왔다. 나는 이제 리지처럼 행복하게 살기로 마음먹었다. 살면서 누구나 겪게 되는 소소한 불행한 상황에 휘둘리지 않기로 했다. 내 목표와 꿈에 집중하며 살기로 했다.

첫 번째 책이 출간되면 나는 강연가와 메신저로의 삶을 살 것이다. 사람들과의 관계에서 힘들어하는 사람들, 직장생활이 힘든 사람들, 가족관계에서 어려움을 토로하는 사람들에게 메시지를 전달할 것이다. 누구나 똑같은 불행을 겪으며 살고 있다고 말이다.

불행이 다가올 때 당신은 계속 그 불행 안에서 살 수도 있고, 행복을 선택할 수도 있다는 것을 알려 주겠다. 모든 것이 당신의 선택에 달린 것이라고 말이다. 리지의 곁에서 흔들리지 않고 중심을 잡아 준 부모님처럼 나도 힘겨워하는 이들 곁에서 괜찮다고 이겨낼 수 있다고 말해 주고 싶다.

꿈에 집중하자. 그러면 지금 겪고 있는 어려움은 아주 작게 느껴질 것이다. 어쩌면 느끼지도 못하고 지나가 버릴지도 모른다. 꿈이 없다면 다시 꿈을 꿔라. 꿈을 가지고 스스로 행복하기를 선택해 보자.

나는 성남아트센터에서 '내 꿈에 집중하는 행복한 삶'에 대해 강연할 것이다. 수천 명의 청중 앞에서 그들에게 현재의 고민과 불행한 상황에 반응하지 말라고 이야기할 것이다. 그리고 꿈에 집중하는 삶에 대해 강연할 것이다. 나는 사람들에게 아주 사소하지만 큰 메시지를 전달하는 강연가이자 메신저로 살아가고 싶다.

04

1년간
세계여행 하며
나를 찾기

"앞으로 5년 이상 재직한 공무원들은 자기계발을 위해 1년 동안 무급 휴직을 할 수 있도록 하는 '공무원임용령 개정안'이 국무회의를 통과하면서 부럽다는 반응이 쏟아지고 있습니다. 월급이 없다 해도 1년 쉰 뒤 다시 복직할 수 있다는 것 자체가 일반 기업에선 쉽지 않은 특권이기 때문입니다."

〈서울경제신문〉에 실린 기사다. 나도 이 기사를 읽고 부럽다고 생각했다. 정년퇴직이나 사표를 쓴 뒤에나 가능한 긴 휴가가 직장 생활 중에 주어지다니 부럽지 않을 수 없다. 물론 공무원 입장에서는 그림의 떡이라고 느낄지도 모른다. 한 달만 월급을 받지 않아도 가정경제가 위태위태한데 무급 휴직이라니, 그것도 1년씩이나 말이다. 하지만 희생을 감수하더라도 마음만 먹으면 휴가를 가질 수 있다는 것이 부럽다.

직장인이라면 누구나 과도한 업무로 피곤에 절어 마냥 쉬고 싶을 때가 있다. 또한 상사나 동료와의 관계에 어려움이 있을 때, 그 사람을 안 볼 수만 있다면 얼마나 좋을까 생각한다. 이럴 때는 당장이라도 훌쩍 먼 곳으로 떠나고 싶다. 하지만 원하는 날짜에 휴가를 가기는 쉽지 않다. 일단 업무상 공백을 줄이기 위해 상사나 동료 직원과 날짜가 겹치지 않아야 한다. 휴가 전에는 자리를 비우는 동안 업무에 차질이 생기지 않도록 미리 일을 해 둬야 한다. 다녀와서도 밀린 일 때문에 야근을 한다.

이러니 휴가를 다녀오면 힐링이 되기보다 전보다 더 힘들다. 1년 365일을 회사에 매여 사는 것이나 다름없다. 자발적으로 회사를 그만두지 않는 이상 정년인 60세 이전에는 긴 여행을 떠나기 힘들다. 하지만 나는 60세가 넘어서 힘들게 여행을 다니고 싶은 생각은 없다. 좀 더 젊은 나이에 인생을 즐기고 경험하고 싶다.

지금까지 나에게 휴가는 가기 싫고 힘들지만 해치워야 하는 의무였다. 매년 가족여행을 계획하면서 여행 장소 선정이나 예약은 내 몫이었다. 가족들 간의 스케줄을 조정해야 하는 귀찮고 복잡한 일도 오롯이 막내이자 미혼인 내게 돌아왔다. 난 그냥 휴가 내내 TV나 책을 보면서 집에서 뒹굴거리고 싶었다. 아니면 준비 없이 훌쩍 떠나서 조용히 아무 일도 하지 않고 지내다 오고 싶었다. 하지만 매년 가족들과 여행하며 뒤치다꺼리만 하다 오는 느낌이 들었다. 그래서 휴가가 싫고 휴가 후에는 피곤해서 일상생활이 더 힘들어지고는 했다.

나는 요즘 제2의 인생을 준비하고 있다. 작가로, 강연가로, 메신저로서의 삶을 준비하고 있다. 내 시간을 마음대로 계획하고 조절하는 삶을 살고 싶다. 지금부터 꾸준히 준비해 10년 안에 1인 기업가로 우뚝 설 것이다. 그리고 50세가 되기 전 자발적 정년을 맞고 나에게 안식년을 줄 것이다. 나만 생각하고, 나를 위한 여행을 계획할 것이다. 50년 동안 지치지 않고 성실하게 살아온 내게 주는 선물이다. 과거를 돌아보고 앞으로 시작될 제2의 인생을 계획하는 시간이 될 것이다. 생각만 해도 가슴이 떨린다.

떠나기 전 여행 경로는 대충 정할 것이다. 구체적으로 계획하느라 오랜 시간 고민하지 않을 것이다. 여행은 늘 계획대로 되지 않고, 돌발상황이 생기게 마련이다. 계획에 연연하면 여행 내내 계획에 따라서만 움직이려고 할 것이고, 계획대로 되지 않으면 짜증이 날 것이다. 최소한의 계획만 짜고 계획 없이 일어나는 상황을 즐길 것이다. 철저히 나를 위한 여행이다. 비즈니스 출장처럼 목적이 있는 여행도 아니고 누군가에게 보여 주기 위한 여행도 아니다. 그동안 가고 싶었던 곳, 의미 있는 곳, 쉴 수 있는 곳 위주로 여행지를 선택할 것이다. 짐도 최소한으로 챙길 것이다. 무거운 짐을 챙기는 데만 신경 쓰고 싶지 않다. 준비가 되었다면 바로 행동으로 옮긴다. 나를 위한 여행을 떠난다.

먼저 내가 봉사활동을 시작한 계기가 된 오드리 헵번을 추억할 수 있는 여행을 하고 싶다. 나는 오드리 헵번을 영화배우가 아닌 유니세프 친선대사로 먼저 알았다. 본인을 희생하면서 기아에 시달리는 어린이들을 돌보는 모습을 방송을 통해 보았다. 아름다운 미소를 가진 할머니의 모습이었다. 카메라에 찍힌 모습이 그 어떤 화려한 배우보다 아름답게 보였다. 그래서 보게 된 영화 〈로마의 휴일〉 속 앤 공주의 모습은 정말 아름다웠다. 소원을 들어주는 트레비 분수에 동전을 던지는 장면은 아직도 인상 깊게 남아 있다.

트레비 분수를 등지고 동전을 한 번 던지면 다시 로마로 돌아오게 된다고 한다. 두 번 던지면 사랑하는 사람과 같이 오고, 세 번 던지면 소원이 이루어진다고 한다. 나는 미래를 상상하며 소원을 빌 것이다. 동전을 두 번 던지며 사랑하는 사람과 같이 오게 해 달라는 소원을 빌고 있을 수도 있다. 아니면 꿈 남편과 함께 온 여행에서 세 번 동전을 던지며 소원을 빌고 있을 수도 있다.

나는 아직 싱글이다. 사람들은 나를 처음 만나면 왜 아직 혼자이며 결혼을 못했냐는 질문을 제일 먼저 던진다. 나도 내가 왜 혼자인지 알지 못했다. 그저 때를 놓쳐서 그런 줄로만 알았다. 하지만 책 쓰기를 하면서 나를 되돌아보던 중 그 이유를 알게 되었다. 사춘기 시절 아버지가 아프시고 집안 사정이 안 좋아졌다. 이로 인해 경제적으로 고통을 겪었을 뿐 아니라 친구들 사이에서 따돌림까지 당했다. 그때 나는 모든 것을 누리게 해 주지 못할 바에야 아이를 낳지 않겠다고 생각했다. 내 상상 속 미래에는 결혼식 장면도 배우자의 모습도 없었다.

하지만 책을 쓰기 시작하면서 내면의 상처가 치유되자 같은 꿈을 꾸는 배우자가 있으면 좋겠다는 생각을 했다. 내가 원하는 배우자는 같이 꿈꾸고 미래를 상상하며 같은 길을 걸을 수 있는 사람이다. 정글 같은 이 사회에서 나를 지지해 주고 응원해 주는 한 사람이 내 곁에 있다면 좋겠다. 꿈꾸고 목표를 이루기 위해 나아가는 길이 가시밭길 같아도 헤쳐 나갈 수 있을 것이다. 꿈을 이루었을 때 함께 진심으로 기뻐하는 사람이 있다면 그 시너지 효과가 대단할 것이다. 나는 그런 꿈 남편을 만날 것이다.

다음은 두오모 성당에 가고 싶다. 대학에 다닐 때 친구에게서 에쿠니 가오리와 츠지 히토나리의 《냉정과 열정 사이》라는 소설책을 선물 받았다. 두 작가가 각자 남자주인공과 여자주인공의 입장에서 써 내려간 소설이다. 이 소설은 나에게 진정한 사랑의 의미를 알게 해 주었다. 두 주인공은 헤어진 지 10년 만에 피렌체 두오모 성당에서 재회한다. 기다리는 사람이 와 있을까 상상하며 좁은 계단을 올라가던 주인공들의 마음이 어땠을까 궁금했다. 그래서 소설의 배경인 피렌체 두오모 성당에 꼭 가 보리라 다짐했다.

내가 안식년 휴가를 생각하게 된 계기는 줄리아 로버츠 주연의 영화 〈먹고 기도하고 사랑하라〉를 보고서다. 모든 것이 완벽해 보이는 여자주인공 리즈가 진정한 삶에 대한 의문을 품고 진짜 자신을 찾아 떠나는 여행 이야기다.

나도 나를 돌아볼 수 있는, 그리고 내면의 목소리에 귀 기울일 수 있는 여행이 필요했다. 가족, 직장, 그 밖의 것들로 인해 진정한 나를 잃어버리고 책임감만으로 살아가는 것이 싫었다. 과거의 나를 벗어 버리고 진정으로 원하는 삶이 무엇인지 알기 위해 여행이 필요하다고 생각했다.

나는 여행을 통해 과거의 상처에서 벗어나고 싶다. 새로운 인생을 시작하는 계기로 삼을 것이다. 여행에서 돌아오면 '내가 행복한 삶'을 사는 사람이 될 것이다.

05

유엔난민기구 한국대표로 **꾸준히** 활동하기

봉사활동을 한 번도 해 보지 않은 사람은 있어도 한 번만 한 사람은 없을 것이다. 봉사활동을 해 본 사람은 이 말을 이해할 것이다. 힘들지만 보람되고 남을 도우면서 내가 치유되는, 자꾸만 하고 싶은 짙은 중독성이 있다.

나는 대학생 때 처음 봉사활동을 했다. 동아리 사람들끼리 여름방학 때 아동복지센터로 봉사활동을 가게 되었다. 처음에는 여름이라 덥기도 하고, 힘들 것 같아서 가지 않으려고 했다. 하지만 다들 같은 생각이었는지 참여율이 낮아 자의 반 타의 반으로 참

석하게 되었다. 남자는 청소와 빨래 등 힘쓰는 일을 맡고, 여자는
아이들을 돌보기로 했다. 아이들은 처음 보는 사람에 대한 경계심
에서인지 저만치 거리를 두고 우리를 지켜보기만 했다. 하지만 목
욕을 시켜 주고 밥을 같이 먹자 아이들도 점차 마음을 여는 것이
보였다. 오후가 되어서는 내 옷자락을 붙잡고 잠시도 떨어지려고
하지 않았다. 안아 달라고 하고 눈을 맞추며 웃던 아이의 얼굴이
지금도 생생하게 떠오른다.

봉사활동을 마치고 돌아갈 때 헤어지는 게 아쉬웠던지 아이
들이 칭얼대기 시작했다. 우는 아이에게 새끼손가락을 걸며 다음
에 꼭 다시 오겠다고 몇 번을 약속하고서야 겨우 돌아올 수 있었
다. 자의 반 타의 반으로 시작한 봉사였지만, 끝나고 돌아올 때는
죽을 때까지 봉사활동을 해야겠다는 다짐을 하게 되었다. 그렇게
대학 졸업 때까지 매년 방학 때마다 봉사활동을 했다.

하지만 대학원생활과 느지막이 시작한 직장생활은 평생 봉사
활동을 하겠다던 다짐을 잊게 만들 정도로 바빴다. 어쩌면 핑계
일지도 모른다. 여름이면 어김없이 휴가도 가고 친구들과 만나 밥
도 먹는 등, 바쁘지만 할 일은 다 하고 살았기 때문이다.

얼마 전 천안예술의전당 미술관에서 열린 오드리 헵번 사진전
에 다녀왔다. 사진 속의 그녀는 정말 예뻤다. 하지만 가장 아름다
운 모습은 영화배우로 잘나가던 때의 모습이 아니었다. 은퇴를 하

고 아프리카에서 봉사활동을 하던 때의 모습이었다. 화장기 없는 수수한 모습에 얼굴에는 주름이 가득했지만, 아프리카 아이들과 환하게 그리고 편하게 웃고 있는 모습에서 아름다움을 느낄 수 있었다.

오드리 헵번과 같은 유명인의 봉사활동이 사회에 미치는 영향은 대단하다. 그녀가 한창 배우로 활동할 때 영화 속에서 입은 옷은 '헵번룩'이라는 이름으로 모든 여자들이 따라 입고 싶은 아이템이 되었다. 이처럼 그녀를 아끼고 사랑한 사람들은 그녀의 행동까지 본받고 싶어 봉사활동에도 참여하게 되었다고 한다. 우리나라 연예인 중에도 그녀의 영향을 받아 봉사활동을 하고 있는 사람이 많다고 한다.

또 한 명, 의외의 행보를 보이는 유명인이 있다. 바로 배우 안젤리나 졸리다. 그녀는 부모의 이혼으로 인해 불우한 어린 시절을 보냈다. 그러면서 칼과 같은 위험한 물건을 모으고 자해를 하는 등 자기 파괴적인 성격으로 성장하게 된다. 영화배우인 아버지의 영향으로 어려서부터 연예계생활을 했지만 반항적이고 부정적인 이미지의 소유자였다.

그러던 그녀가 영화 〈툼레이더〉 촬영 차 캄보디아에 갔다가 지뢰에 손발이 잘린 난민을 보고 충격을 받는다. 이후 난민들의 생활에 관심을 갖게 된다. 그녀는 유엔난민기구를 찾아가 자신이 무엇을 할 수 있는지 물었다. 그때부터 직접 전쟁으로 피폐해진 나라를 방문해 난민들을 만나고, 그들에게 관심을 가져 줄 것을 대중에게 호소하기 시작했다.

그녀는 지금도 유엔난민기구 친선대사로 활발히 활동 중이다. 이제 그녀는 반항과 부정의 아이콘이 아닌, 좋은 일을 하는 배우, 따라 하고 싶은 모범적인 배우로 기억된다.

유명 연예인의 봉사활동이 사회에 미치는 영향은 대단하다. 봉사활동 관계자들도 "열심히 하지 않아도 좋다. 참여해 주는 것만으로도 엄청난 도움이 된다. 참여조차 안 하는 연예인도 많은데 관심을 가져 주는 연예인들이 고맙다."라고 했다. 예전에는 나이가 지긋하고 사회적으로 지위가 있는 사람들만 기부를 하는 것으로 여겼다. 하지만 젊은 연예인들의 봉사활동 참여로 인해 기부에 참여하는 연령대가 다양해졌다고 한다. 20~30대뿐만 아니라 10대까지 자신이 좋아하는 연예인을 따라 기부나 봉사활동에 참여하게 된 것이다.

몇 년 전 〈희망로드 대장정〉이라는 TV 프로그램을 통해 연예인 봉사활동을 보았다. 기부라는 것이 어렵고 대단한 것이 아니라는 생각이 들었다. 그래서 유니세프에 정기후원을 하게 되었다. 죽을 때까지 봉사활동을 하겠다던 나와의 약속을 소극적으로나마 지키고 있는 셈이다.

이런 방송을 보다 보면 신기한 점이 있다. 하루에 한 끼도 먹지 못하는 아프리카의 빈곤한 아이들, 집이 없이 세계를 떠돌아다니는 난민촌 아이들도 하나같이 꿈을 가지고 있다는 것이다. 난민촌에 사는 한 소녀는 이렇게 이야기했다.

"저는 미국에 가고 싶어요. 그곳에는 큰 슈퍼마켓이랑 좋은 학교가 있다고 했어요. 미국에서 시험도 보고, 좋은 성적도 받고 싶어요. 그리고 커서 의사가 되는 게 꿈이에요. 엄마가 당뇨병을 앓고 있는데 치료해 드리고 싶어요. 저에게 유일한, 그리고 전부인 우리 가족을 돕고 싶어요."

우리는 밥을 먹고, 학교를 다니며, 미래를 꿈꾼다. 당연하게 여기는 평범한 하루하루가 누군가의 꿈일 수도 있다. 나는 한때 꿈이 없이 살았다. 학교를 졸업하고 직장생활을 하면서 목표 없이 살아왔다. 누군가는 하루만이라도 살아 보고 싶다는 삶을 살면서 불평불만만 일삼던 나 자신이 많이 부끄럽다. 이제는 나도 꿈꾸고, 그 꿈을 이루기 위해 살아간다. 그리고 누군가의 꿈을 이뤄 주기 위해 도움을 줄 것이다.

나는 강연가이자 꿈 메신저다. 그리고 유엔난민기구 한국대표로 활동하고 있다. 1년에 적어도 두 번은 해외 봉사활동에 참여한다. 사는 것이 힘들어 꿈을 포기하고 살아가고 있는 아이들을 위해 계속 꿈꿀 수 있는 기회를 주고 있다.

나의 이런 활동을 보고 많은 이들이 동참했으면 좋겠다. 아프리카에서는 우리나라 돈으로 100원이면 병원 진료를 받을 수 있다고 한다. 또한 많은 아이들이 돈이 없어서 출생신고를 하지 못해 사회생활을 할 수 없다고 한다. 단돈 1,000원이면 출생신고를 할 수 있다. 작은 기부가 그들에게는 큰 힘이 된다. 아직도 많은 사람들이 봉사활동은 훌륭한 사람만이 할 수 있는 일이라고 생각한다. 아니다. 누구나 할 수 있고, 아주 쉽다.

"네가 더 나이가 들면 손이 2개라는 것을 발견하게 될 것이다. 한 손은 너 자신을 돕는 손이고 다른 한 손은 다른 사람을 돕는 손이다."

오드리 헵번의 말이다. 두 손을 가진 우리는 꿈을 이루기 위해 노력해야 하고, 도움이 필요한 이들을 위해 일해야 한다. 나는 꿈을 꾸고, 꿈을 이루기 위해 최선을 다해 살아야 한다고 말하고 싶다. 또한 다른 사람의 꿈도 이룰 수 있게 돕는 사람이 되라는 메시지를 전할 것이다. 남을 도우면서 더 성장하고, 아름다운 삶을 살 수 있다는 것을 알리고 싶다.

봉사활동은 도움을 받는 이에게도, 도움을 주는 이에게도 선물이다. 나 혼자 잘 살고 싶다는 이기적인 생각이 아닌, 함께 잘 살아가는 사회를 만드는 시작이 될 것이다.

버

킷

리

스

트

9

| Chapter 7 |

가치를 나누고 선한 영향력을
전파하는 주거복지 전문가

홍서진

홍서진
한국은행 직원, 사회복지사, 부부상담사, 아동상담사, 줌바댄스 강사, 베지터블 소믈리에, 플로리스트

'생각하고 말하는 대로 이루어진다'라는 모토를 가지고, 내일은 더 나을 것이란 희망을 품고 살아왔다.
기성세대로서 청년들에게 나누는 삶을 살겠다는 목표를 세우고 그것을 이루기 위한 삶을 살고 있다.
남들처럼 떠밀리듯 은퇴하지 않기 위해 변화하고 발전해 인생 2막을 열고자 노력한다.

경매 전문가가 되어 복지 실현하기

"얼른 부동산에 가서 집을 급매로 내놓아. 무조건 빨리 팔아 달라고 해!"

남편으로부터 다급하게 전화가 왔다. 나는 당황스러웠고 집을 파는 것이 처음이라 겁이 났다. 하지만 지방에서 근무하는 남편이 올라와서 대신해 줄 상황이 아니었다. 우리 집은 사아주버님의 사업 담보로 제공된 상태였다. 하지만 아주버님의 사업이 안 좋아져 상환할 상황이 못 되었다. 나는 시어머니, 아이들과 부동산에 갔다. 중개인은 우리가 급하다는 것을 알고, 수수료를 2배로 불렀다.

상황이 급했기 때문에 할 수 없이 요구대로 해 주었다. 새 주인의 요구도 모두 수용하며 거래가 성사되었다. 우리 집은 급매로 팔렸고 나의 부동산 첫 거래도 그렇게 이루어졌다.

우리 부부의 첫 집은 일부 대출금을 이용해 마련한 것이지만 그 집에서 우린 행복했다. 우리 부부의 꿈과 미래의 희망이었다. 그래서 집을 팔았을 때는 몇 년간의 노력이 사라진 기분이었다. 그렇지만 마냥 원망만 하고 있을 수는 없었다. 아이들을 생각하며 마음을 다잡았다.

시어머니와 함께 홍제동의 18평짜리 다가구주택으로 이사했다. 다시 시작하자고 생각했다. 하지만 뻔한 월급만으로 언제 우리 집을 살 수 있을지 막막했다. 집 주변에 새 아파트가 세워졌다. 나는 언제 저런 아파트에 살아 보나 부러운 생각이 들었다. 커 가는 아이들이 마음껏 뛰어놀 수 있는 아파트 놀이터가 제일 부러웠다. 주택가에는 마땅히 놀 만한 공간이 없었기 때문이다.

TV에서 개그맨 윤정수의 인터뷰를 봤다. 그는 "사업이 망했을 때보다 집이 경매로 넘어갔을 때 마음이 더 아팠다."라며 울었다. 또한 몸이 불편하신 어머니에게 제일 미안하다고 했다. 그 심정이 어떠한지 알기에 나도 눈물이 났다. 반대로 경매로 시세차익을 얻은 연예인도 많다. 대표적인 사람이 농구선수 출신 방송인 서장훈이다. 그는 IMF 때 은행 대출금을 끼고 건물을 낙찰받아 현재 수

백억 원의 자산가가 되었다. 가수 비도 서세원의 삼성동 주택을 경매받아 수억 원의 시세차익을 거두었다고 언론에 보도되었다. 무엇이든지 순간의 선택이 중요하지만 경매는 더욱 그렇다.

남편이 경매 공부를 시작했다. 나는 경매는 선량한 사람을 거리로 내모는 것이라는 생각에 왜 하필 경매를 공부하느냐고 물었다. 위험하고 누군가의 마음을 아프게 하는 것 아니냐면서. 그리고 혹시 나 모르게 어디 숨겨 놓은 돈이 있느냐고 했다. 경매는 돈이 있어야 할 수 있는 것이라고 생각했기 때문이다. 남편은 적은 돈으로도 얼마든지 경매를 할 수 있다고 했다. 오랫동안 보아 온 남편이기에, 무모한 행동은 하지 않겠지 하는 믿음에 더 이상 아무 말도 하지 않았다.

남편은 바쁜 회사생활 가운데 틈을 내어 경매를 공부했다. 책도 굉장히 많이 샀다. 주말마다 임장을 다녔다. 뭐든지 시작하면 끝을 보는 남편의 성향을 알기에 이번에도 해낼 것이라는 믿음이 생겼다. 나도 설레고 기대되는 마음에 한두 권씩 경매 관련 책을 읽기 시작했다. 그전까지 자녀교육서와 자기계발 서적만 읽었던 터라 어렵고 재미도 없었다.

하지만 서당 개 3년이면 풍월을 읊는다고 했나. 점차 용어들이 귀에 들어오기 시작했다. 신문을 봐도 부동산 관련 소식에 관심이 갔다. 나는 부동산에 타고난 감각이 있는 것 같았다. 돈이 부족해 직접 하지는 못하고 주변 사람들에게 조언했던 것들이 거의 적중했다. 그러다 보니, 자연스럽게 주변에서 많은 사람들이 상담을 해 왔다. 상담에 답해 주며 공부가 되면서 부동산에 대한 관심은 더욱 높아졌다.

우리 가족은 주말이면 다 같이 등산을 한다. 하지만 평일에는 딱히 운동을 하지 않았다. 체중은 늘어 갔지만 헬스장에 가는 돈이 아까웠다. 그래서 동네를 걷기로 했다. 걷다 보니 부동산 사무실 앞에 붙여 놓은 시세에 눈이 갔다. 한동안 관심을 갖고 둘러보다 보니, 주변 시세들이 정리되었다. 같은 단지여도 동에 따라 가격 차이가 난다는 것도 알게 되었다. 길 하나 차이로 가격 차이가 난다는 것도 알게 되었다. 구가 달라져 학군이 달라지기 때문이다. 급매로 나온 것은 얼마나 차이가 나는지도 알게 되었다.

몇 달 관심을 갖고 보다 보니, 부동산 하시는 분들과도 친해졌다. 임신하면 임산부만 보이는 것처럼, 직장에서도 부동산에 관심이 있는 직원들과 어울리게 되었고 그들이 사는 동네의 부동산 시세는 어떤지도 알게 되었다.

당시 팀장님은 홍제동에서 대치동으로 이사했다. 나만 보면 대치동으로 이사 가야 한다고 이유까지 상세히 말씀해 주셨다. 나는 가난하던 어린 시절에도 결혼하면 압구정동에서 살 거라고 말하고 다녔다. 비록 홍제동 다가구주택에서 살고 있었지만 언젠가 꼭 압구정동에서 살게 될 것이라는 근거 없는 확신이 들었다.

강한 열망은 이루어진다는 말이 맞았다. 우리는 몇 번의 이사 끝에 압구정동에서 살게 되었다. 비록 아파트가 아니라 다세대주택이었지만, 강남에 입성한 것이다. 그리고 나의 부동산 투어는 다시 시작되었다.

그때 알고 지내던 한 부동산 업자가 어느 허름한 3천만 원짜리 주택을 사라고 추천했다. 낙후되어 고장이 잦아 수리를 자주 해야 하는 집이었다. 망설이고 있던 어느 날, 그 집을 유명 연예인이 샀다는 소식을 들었다. 얼마 후부터 그 동네는 자고 일어나면 가격이 뛰기 시작했다. 지금이라도 대출을 받아서 사라는 소리를 들었지만 여전히 두려웠다. 이제 겨우 모은 돈으로 아파트를 사야지 다세대주택을 산다는 것이 이해되지 않았다. 그리고 원래 가격을 알기에 오른 가격을 주고는 사기가 망설여져 결국 매입을 포기했다. 그곳이 바로 '가로수길'이다.

상심하고 있을 즈음에, 남편이 주말에 가 볼 데가 있다고 했다. 우리가 살 집을 보았단다. 삼성동이란다. 나는 너무 기뻐서 따라나섰다. 와서 보니 건물에 '유치권 있음' 등 현수막이 걸려 있었다. 출입구는 철판으로 막혀 있었다. 어수선한 주변에 실망스러웠다. 남편은 금방 주변 정리가 될 것이라고 확신했다. 그리고 앞에 있는 5층짜리 건물이 재건축되며 도로도 넓어진다고 했다. 구청에 가서 확인했다고 했다. 나는 이곳에서 살 것이라고 간절하게 열망했다.

임장을 온 게 어제 같은데 벌써 10년이 되어 간다. 남편은 정부출연기관이 민영화되면서 퇴사했다. 그리고 그동안 공부하고 준비해 오던 경매로 전직했다. 시간적인 자유가 있어 편하고 하고 싶은 일을 하니 좋다고 한다.

경매에 대해 무지했던 나도 이제는 우리나라 최고의 경매 전문가가 되겠다는 꿈을 갖게 되었다. 그래서 나와 같은 어려움을 겪었던 사람들, 직장생활만 하다 퇴직하는 사람들에게 희망을 주고 싶다. 그 꿈을 위해 현재 부동산대학원에 다니고 있다. 체계적이고 깊이 있는 공부를 통해 주거복지에 기여하고 싶기 때문이다. 어렵고 소외된 계층을 경매를 통한 복지와 연결시키는 것이 나의 장기적인 목표다. 나는 경매를 통해 선한 영향력을 전파하는 주거복지 전문가가 될 것이다.

나만의
드림카 타고
시원하게 **달리기**

사람마다 스트레스를 해소하는 방법이 다르다. 나는 스트레스가 아주 심할 때면, 무작정 버스를 탄다. 이어폰을 귀에 꽂고 좋아하는 음악을 집중해서 들으며 낯선 곳으로 떠난다. 지나가다 예쁜 찻집을 발견하면 내려서 차 한 잔을 마시며 책을 읽는다. 걷고 싶은 길이 있으면 내려서 걷는다. 그냥 차 안에 앉아서 지나가는 사람들을 보기도 한다.

직접 승용차를 운전해 긍정적인 가사의 곡을 크게 틀고 한적한 길을 달리기도 한다. 그렇게 달리다 보면 보면 힘들었던 마음도 사라지고 복잡했던 문제들도 정리된다.

나는 유난히 자동차를 좋아한다. 그렇지만 내 명의의 자동차는 한 대도 없다. 우리 집에 자동차가 있긴 하지만, 주로 남편이 업무용으로 사용하거나 주말에 가족과 나들이할 때 사용한다.

　언젠가 나는 왜 보통 여자들보다 차에 대한 욕망이 클까 생각해 보았다. 여러 가지 이유가 있겠지만, 그중 하나는 차에 대한 한이 있기 때문인 것 같다. 학창시절 학교와 우리 집의 거리는 멀었다. 왕복 2시간을 걸어서 다녔다. 그때 나는 유난히 마르고 허약했다. 한여름 땡볕 아래에서 한 시간씩 걸어서 집에 오고 나면 지치고 어지러워 한동안 쉬어야 했다. 버스를 타고 다니고 싶었지만 형편이 좋지 않았다. 버스를 타고 다니는 아이들이 너무 부러웠다. 그리고 친구들이 가족과 함께 차를 타고 놀러 갔다 왔다는 이야기가 가장 부러웠다. 나도 돈을 벌면 꼭 내 차를 사야겠다고 생각했다.

　내가 스무 살 되던 해에 아버지는 직업을 바꾸셨다. 지방 신문사 기자로 시작해 태권도협회 일도 하시고 작은 사업도 하셨지만, 마지막 직업은 개인택시 기사였다. 아버지는 일을 하시다가도 우리가 필요로 하면 만사 제쳐 놓고 달려와 주셨다. 내가 늦은 시간까지 회식을 하거나 동생이 학교에서 늦게 끝나면 항상 데리러 오셨다. 쉬는 날에는 함께 대청댐까지 드라이브를 떠났다.

　아버지는 태권도 7단으로 강직한 정신의 소유자셨다. 남에게 아쉬운 소리는 하지도 듣지도 못하실 정도로 자존심이 강하셨다. 하지만 택시 운전을 시작하고부터는 모든 것을 참아야 했다. 멀리 지방까지 가 놓고서는 요금을 내지 않고 도망치는 승객도 있었다. 자식보다 어린 승객이 반말을 하는 것도 참아야 했다. 술에 취한 승객이 욕을 하며 차 안에 실례하는 것까지 묵묵히 참아 내야만 했다. 이런 진상 고객들 때문에 스트레스가 심해 고혈압까지 얻으셨다.

그럼에도 불구하고 아버지는 우리를 위해 시간을 낼 수 있다는 것과 차를 타고 바람을 쐬러 갈 수 있다는 것 때문에 행복해하셨다. 나는 빨리 돈을 벌어서 아버지가 싫어하는 일은 하지 않게 해 드리고 승용차도 사 드리겠다고 결심했다. 하지만 이것들을 이루어 드리지 못하고 결혼을 하게 되었다. 늦게 결혼하려던 나의 계획은 남편을 만나고 1년 만에 결혼하며 수정되었다. 지금은 사 드리고 싶어도 사 드릴 수가 없다.

나는 〈택시〉라는 방송 프로그램을 좋아한다. 방송인 이영자가 아버지의 임종을 보지 못했다고 오열하는 것을 보았다. 그 마음이 어떠했는지 알기에 나도 같이 울었다. 〈택시〉를 보면, 아버지와 차를 타고 다녔던 행복했던 시간들이 생각난다.

그때 우리는 아버지와 많은 이야기를 나눴다. 아버지는 "이 세상에는 나쁜 승객보다 좋은 승객이 더 많다. 그래서 세상은 살 만

하다."라고 하셨다. 아버지는 효자였다. 할머니가 돌아가실 때까지 점심 식사는 아버지가 직접 챙기셨다. 또한 할머니 생각이 나셨는지 노인분들이 타면 요금도 안 받으셨다. 내 친구들이나 아는 사람도 그냥 태워 주셨다. 그러지 마시라고, 조금은 약게 사시라고 말씀드려도 천성이 그러셨다. 남의 불편이나 불의는 못 참으셨다. 그래서 돌아가셨을 때 많은 이들이 찾아와 안타까워했다.

나는 결혼할 때 보석은 안 사도 차는 사고 싶었다. 반면, 남편은 차에 대한 욕심이 별로 없었다. 차를 사는 순간 보험료에 감가상각비를 감안하면 손해라는 논리를 가지고 있었다. 직장에서 우리 집까지 버스로는 40분, 승용차로는 20분이 걸렸음에도 차를 사지 않았다. 더군다나 우리 아파트는 동떨어진 곳에 있어서 대형 마트도 없었다. 조금이라도 아끼려고 만삭까지 무거운 짐을 들고 다녔다. 나는 왜 이렇게 자동차와 인연이 없을까, 하는 생각이 들기도 했다. '조금만 참으면 더 좋은 차를 살 수 있겠지'라는 희망으로 버텼다.

드디어 산 우리의 첫 차! 세피아를 잊을 수가 없다. 너무 신이 나서 닦고 또 닦았다. 시승식을 하던 그날의 햇살과 풍경들이 아직도 생생하다. 큰아이가 어렸지만, 우리는 틈만 나면 외곽으로 차를 몰고 나갔다. 즐거운 시간들이었다. 그런데 갑자기 시부모님이 우리와 함께 살아야 하는 상황이 되었다. 특히 시아버지는 뇌

졸중으로 인해 거동이 불편하셨다. 매일 한의원에 침을 맞으러 다니셔야 했다. 남편은 일을 하느라 부모님을 챙길 수 없는 상황이었다. 그래서 내가 매일 차를 운전해 시아버지를 모시고 한의원에 다녔다. 시아버지는 하루가 다르게 회복되셨다. 차로 매일 치료를 받으러 갈 수 있었기에 가능했던 일이라고 생각된다.

몇 해 전 6개월 동안 미국으로 연수를 다녀왔다. 미국에서는 차가 없으면 이동하기 힘들다. 지인의 소개로 차를 구입하기로 했다. 15년을 탔지만 상태는 양호하다고 했다. 미국인들은 차를 소중히 다룬다는 설명도 덧붙였다. 나는 지인을 믿었기에 흔쾌히 구입하겠다고 했다. 실물을 보지 않고 유선상으로만 계약을 한 상태라 걱정되기도 했다.

그런데 도착해서 차를 본 순간 깜짝 놀랐다. 15년 된 차로 안 보일 정도로 외관의 상태가 양호했다. 내부의 베이지색 시트도 적당히 색이 바랬을 뿐 깨끗했다. 엔진 내부 상태도 양호했다. 전 주인이 차를 얼마나 아꼈는지 알 수 있었다. 나는 미국에 있는 동안 그 차를 잘 타고 다니다가 지인에게 양도했다. 지금까지도 잘 타고 다닌다고 한다.

보통 대형 자동차 사고가 나면 트라우마로 운전하기를 꺼린다고 한다. 나는 8중 추돌이라는 대형 사고를 겪고도 워낙 자동차

애호가라 트라우마는 겪지 않았다. 오히려 좋은 차를 사야겠다는 생각만 했다. 우리를 들이받은 차는 외제차였는데, 그 차만 멀쩡하고 나머지 차는 모두 폐차 수준이 된 것을 보았기 때문이다. 그 뒤로 '레인지로버'와 '벤츠 E클래스'가 나의 드림카가 되었다.

나는 오늘도 꿈을 꾼다. 나의 드림카에 우리 가족을 태우고 아버지 산소에 가서 인사드리는 꿈이다. 그리고 기분에 따라 드림카 중 하나를 골라 타고 강화도 바닷가와 두물머리 등 경치 좋은 곳으로 드라이브를 다녀올 것이다. 책 냄새 가득한 파주의 출판단지 거리도 달릴 것이다. 머지않은 미래에 반드시 이루어지리라 확신한다.

가족과 함께
몽블랑 산
등반하기

남편과 나는 연애시절, 여건상 주말에만 데이트를 했다. 나는 남들처럼 영화도 보고 커피숍에서 수다도 떨고 싶었지만, 남편은 등산하고 책 읽는 것을 좋아했다. 우리의 데이트 코스는 주로 산이었다. 운동과는 거리가 멀었던 나는 적응하는 데 시간이 걸렸다. 지금은 등산 마니아가 되었지만 말이다. 당연하게, 집을 옮기는 기준도 산이 중심이었다. 계족산, 인왕산, 안산, 매봉산 아래로 이사를 다녔다. 지금은 도심에 살지만, 틈만 나면 대모산, 구룡산, 청계산에 간다.

아이들이 어릴 적에는 안고 업고라도 산에 다녔다. 주말이면 도시락을 싸서 하루 종일 산에서 지냈다. 봄이면 남산에 주로 갔다. 그곳에서 요즘은 보기 힘든 도롱뇽과 가재도 보고, 올챙이가 개구리가 되는 과정도 지켜보았다. 생생한 관찰학습이자 현장학습이었다. 주변에 알려 주면, 서울에 그런 곳이 있냐며, 상상이 안 간다는 반응이 돌아왔다.

여름에는 계곡에서 더위를 피했다. 가을에는 낙엽을 주워 책갈피로 만들어서 친구들에게 선물도 했다. 눈이 내리는 겨울에는 비닐포대를 들고 산으로 달려갔다. 자연이 선물한 눈썰매장이다. 눈에서 뒹굴고 눈사람도 만들고 눈싸움하던, 아이들의 빨간 볼이 생각난다. 도심에서도 마음먹고 찾아보면 얼마든지 시골의 여유를 찾을 수 있다.

이렇게 아이들에게 자연을 체험하게 해 주자 놀라운 변화가 일어났다. 폭우가 쏟아지는 어느 날이었다. 아이들이 개미굴이 물에 잠기는 것이 걱정된다며 보러 가자고 했다. 작은 생명체라도 소중하다는 것을 저절로 알게 된 것이다.

또한 우리는 《나의 문화유산 답사기 1,2》를 보고 책에 나오는 코스를 따라 역사와 문화 체험 여행을 다녔다. 남편은 역사 상식이 풍부해 어디서도 듣기 힘든 해설을 곁들여 들려주기도 했다. 대한민국에도 구석구석 소중한 장소들이 많음을 알았다. 남편과 책의 저자인 유홍준 교수 덕분에 명산과 역사가 서린 고미술에 대한 식견을 넓힐 수 있었다. 또한 우리나라 '대한민국'이 얼마나 소중하고 아름다운 나라인지도 알게 되었다. 딸아이는 지금도 역사 공부가 가장 재미있다고 한다. 아마도 그때의 영향이 크다고 생각한다.

"여행은 행복의 종합선물세트다. 행복해지기 위한 필수 요소인 맛있는 것 먹기, 좋은 사람들과 수다 떨기, 걸으면서 저절로 운동되는 것이다. 행복의 뷔페이자 최고의 비법이다."

서울대 심리학과 최인철 교수의 말이다.

아쉽게도 우리 가족의 등산 여행은 멈추었다. 큰아이의 입시와 딸아이의 미국행으로 등산은 우리 부부끼리만 다니고 있다. 지금은 시간 날 때마다 대모산으로 짧은 등산을 다녀온다.

아이들이 어릴 적에 국내여행은 많이 다녔지만, 온 가족이 함께 해외여행을 간 적은 없다. 몇 해 전 딸아이가 있는 미국에 6개월 동안 연수를 다녀왔다. 그때 남편은 상황이 좋지 않아 함께 가지 못했고, 큰아이 또한 군대 문제로 가지 못했다. 가족이 모두 함께할 수 있는 시기에는 최대한 충실히 함께해야 한다. 어느 정도 시간이 지나면 모두 함께하기가 어렵기 때문이다.

어느 날, 작은아이가 "우리 가족이 함께 크루즈 여행을 갔으면 좋겠어요."라고 말했다. 영화 〈타이타닉〉이 생각났다. 그때 마음속으로 열망하게 되었다. 우리 가족이 크루즈를 타고 지중해의 석양을 보며 즐거운 시간을 보내는 영상이 그려졌다. 크루즈 여행을 마치면 몽블랑 산에 가고 싶다. 오랜만에 온 가족이 스키도 타고 등반도 하고 싶다. '몽블랑 만년필'은 나의 오랜 로망이기도 하다. 작가가 되려고 마음먹은 순간, 어떠한 어려움도 포기하지 말자고 다짐하는 차원에서 '몽블랑 만년필'을 구매했다. 지금도 수시로 꺼내어 작가로서의 사인을 연습한다.

남편은 몇 년째 영어공부를 하는 중이다. 아침에 눈뜨면 영어를 듣는다. 퇴근 후 집에 와서도 틈만 나면 영어공부 어플을 이용해 공부하고 BBC, CNN을 듣는다. 잘 때도 틀어 놓고 잔다. 그래야 무의식에 쌓이게 된다고 한다. 그렇게 열심히 해서 뭐 할 거냐고 물어보았다. 그냥 영어가 좋아서라는 말 뒤에 세계 배낭여행이 꿈이라는 뜻밖의 대답을 내놨다. 남편은 20년간 대한민국의 전형적인 샐러리맨으로 살았다. 자기 사업을 시작했어도 규칙적인 생활은 샐러리맨과 다를 바 없다고 생각했다. 그런데 일탈을 꿈꾸고 자유를 꿈꾸고 있다는 사실에 놀랐고, 멋진 꿈이 있다는 것에 격하게 기뻤다.

린 마틴의 《즐겁지 않으면 인생이 아니다》는 집을 팔고 세계여행을 다니는 70대 노부부의 이야기를 담고 있다. 그들은 여행에 대해 "우르르 몰려다니는 게 아니라, 별 목적 없이 여기저기를 느긋하게 거닐면서 그 나라를 있는 그대로 느끼는 것이다."라고 했다. 지금도 마틴 부부는 여행 중이다. 이들의 이야기는 블로그를 통해 전 세계에 공감을 불러일으켰고 〈월스트리트저널〉에 소개된 내용 중 가장 많은 댓글이 달려 화제가 되었다.

나도 마틴 부부처럼 멋진 노후를 맞이하고 싶다. 하지만 한 살이라도 젊을 때, 아이들이 각자의 일가를 이루기 전에 온 가족이 함께 세계여행을 하고 싶다. 가족과 함께 몽블랑 산을 등반하고 싶다. 크루즈 여행을 하며 지중해의 석양을 보는 여유로움을 만끽하고 싶다. 아이들이 어릴 적 추억을 통해 사춘기를 이겨 내고 입시의 좌절을 극복해 내는 힘을 얻었듯이, 가족끼리의 세계여행은 아이들이 독립해서 나가더라도 우리 부부가 살아갈 수 있는 든든한 추억이 되리라 믿기 때문이다. 나는 간절한 열망은 이루어짐을 믿는다. 지금까지 그래 왔듯이 말이다.

04

부자 마인드를 심어 주는 부자학교 **설립**하기

나는 어릴 적 가난이 너무 싫어 은행원이 되고 싶었다. 은행에 있는 돈이 내 돈이 될 것만 같은 생각에서였다. 하지만 곧 은행에 다닌다고 모두 부자가 되는 것은 아니라는 것을 알았다. '금수저'로 태어나지 않은 이상 부자가 되는 것이 불가능한 일은 아니지만 쉬운 일도 아니라는 것을 안다.

20대에는 열심히 직장생활을 하고 아껴서 저축하면 부자가 될 것이라고 생각했다. 30대에는 월급을 저축하는 것만으로 부자가 되는 데는 많은 시간이 필요하다는 것을 알았다. 종잣돈이 있어야만 투자를 할 수 있고, 그래야 부자가 된다는 것을 알았다. 40대에는 종잣돈이 있어도 다가 아니라는 것을 알았다.

어느 날 문득 이런 생각이 들었다. 살면서 터득하게 되는 것들 말고, 누군가가 앞장서서 부자가 되는 방법을 알려 준다면 지치지 않고 풍요로 갈 수 있지 않을까 하는 생각 말이다.

《시골의사의 부자 경제학》에서 저자 박경철은 부자의 기준에 대해 "자기 스스로 만족할 수 있는 기준을 마련해야 한다."라고 했다. 그만큼 부는 주관적이다. 타인이 보기에 부자임에도 자신은 부자가 아니라고 생각하는 사람이 있다.

내 지인 중 월 1,000만 원 이상 월세를 받는 건물주가 있다. 우리 모임에서 부러움의 대상임에도 불구하고, 정작 당사자는 강남에서 건물을 사지 못한 것을 불평하며 지금의 부에 만족하지 못했다. 그의 주관으로 볼 때 자신은 부자가 아니었다.

몇 년 전 방송에서 카이스트 출신 부부의 자급자족 시골생활을 본 적이 있다. 엘리트인 그들은 도시문명과 멀어졌어도 오히려 행복하다고 했다. 흔히 생각하는 부가 없음에도 가진 것에 만족하면 부자인 것이다.

그러나 대다수는 문명 속에서의 부를 꿈꾼다. 자본주의 사회에서는 특히 더하다. 문득 이런 생각이 들었다. 모두 생각하는 부의 크기가 다르고 추구하는 부도 다르다. 그렇지만 기본적인 행복을 추구하는 부는 같다고 말이다. 그럼에도 불구하고 진지하게 내가 무엇 때문에 부를 이루려 하는지에 대해 본질적으로 접근하지는 않는다. 부를 통한 일상적인 삶의 균형에 대해 깊게 생각하지 않는다. 막연하게 '부자가 되었으면 좋겠다', '돈이 많아 부자가 되면 지금보다 더 행복해지겠지?'라고 생각한다. 왜 부자가 되고 싶은지, 부자가 되어서 무엇을 하고 싶은지, 부자가 되면 어떤 모습으로 행복을 맞이할 건지에 대해 진지하게 고민하지 않는다.

시중에 나와 있는 부에 대한 서적들도 그들만의 기준을 정해 놓았다. 내가 주체적으로 정하는 것이 아니라 다른 사람의 기준이나 가치관에 따라 정하는 경우가 많다. 부자가 되기 위한 중간 단계만 중요하게 여길 뿐, 막상 부자가 되었을 때 갖추어야 할 마음의 준비를 중요하게 생각하지 않는다.

복권 당첨자 중 대다수가 불행해진다는 통계가 있다. 전문가들은 그들이 부자가 될 그릇을 키우지 못해서라고 말한다. 특히 부자 마인드를 확립하지 못했다는 것이다. 나는 부자가 되기도 빠듯한데 부자 마인드는 어떻게 가져야 하는 것인지에 대해 생각해 보았다.

복권에 당첨되고도 불행해지는 이유는 마음의 준비가 안 되어서 부를 담을 만한 그릇으로 크지 못했기 때문이다. 그릇을 키우고 마인드를 전환하는 것은 혼자서 하기 힘들다. 함께하면 오래간다는 말이 있다. 나 혼자만 돈이 많다고 행복한 것은 아니다. 결국 부도 주변과 함께할 때 행복을 가져다주는 것이다. 타인과 비교하며 남이 갖지 못한 것을 가졌다는 마음에서 자기만족이 생겨나기 때문이다. 그 만족을 위한 도구가 부인 것이다. 단순히 '부가 있어야만 행복하다'라는 논리가 성립되지 않는 이유이기도 하다.

큰아이가 초등학교 1학년 때 처음 치른 시험이 '받아쓰기'였다. 80점을 받아 왔다. 늦은 시간까지 졸려 하는 아이를 붙들고 받아쓰기 연습을 시켰다. 아침에도 일찍 깨워서 다시 한 번 시켰다. 내 기준을 만족시키는 성과가 나지 않으면 화도 냈다. 살면서 받아쓰기 100점이 중요하지 않다는 것을 안다. 얼마나 미련한 행동이었나 생각해 보면 아이에게 많이 미안하다.

그래서 나는 후배들에게 나의 사례를 들어 이야기한다. 그렇게까지 하지 않아도 된다고, 천천히 해도 충분히 가능하다고, 그 시간에 아이와 더 많이 함께하고 책을 함께 읽으라고 말한다.

소설가 알랭 드 보통은 삶을 되돌아보며 행복의 잣대를 세우는 '인생학교'를 설립했다. 인생에 대해 진지하게 성찰할 수 있는 인생학교를 보면서, 인생에서 빠질 수 없는 부에 대해 알려 주는 '부자학교'를 설립하고 싶다는 생각이 들었다. 그래서 부자로 가는 플랫폼 역할을 하고자 한다. 교과서적인 이야기가 아니라 현장에서 깨닫고 부를 성취한 생생한 경험을 공유할 것이다.

부자학교의 커리큘럼은 다양하게 구성될 것이다. 먼저 초급과정에서는 자신이 어떤 이유로 부자가 되고 싶은지를 알아본다. 내면에 존재하는 부로 인한 상처 등을 철저하게 파헤치고 그에 맞는 치유 방법을 찾아낸다. 그리고 무엇 때문에 부자가 되지 못하는지 진단한다. 근본적인 원인을 파악해야 문제를 해결할 수 있기 때문이다.

중급과정은 부자가 되는 플랫폼 역할을 한다. 각자 궁합에 맞는, 부자가 되는 방법이 무엇인지를 전문가와 함께 찾아 가는 시간이 될 것이다. 즉, 가장 잘하는 것은 무엇인지 알아보고, 자신만의 콘텐츠는 무엇이 있나 파악하며, 그것이 성과로 이어지는 방법을 모색하는 것이다.

마지막 단계에서는 부자가 되었을 때 무엇을 해야 행복해질수 있나 생각해 본다. 그래야만 부를 이루었을 때 체계적인 소비가 가능하다. 부를 유지하고 더욱 늘리기 위한 시스템을 구축하는 단계로 마무리할 것이다.

나는 각자 이룬 부에 대해 마음이 맞는 사람들과 함께할 것이다. 이미 우리 주변에는 자신만의 스토리로 성공한 이들이 많다. 그들도 평범한 우리 이웃이었다. 하지만 부자의 마인드를 가지고 소비생활과 투자비법을 연구해 끝내 부를 이룬 것이다. 그리고 그들 대부분이 사람들에게 자신의 노하우를 기꺼이 나누어 주고 있다.

그걸 보며 나도 이룰 수 있다는 희망이 생겼다. 그들처럼 나도 많은 사람들이 행복해지기를 원한다. 그래서 '부자학교'를 설립해 나와 내 주변, 더 나아가 세상의 수많은 사람들이 행복하고 풍요로운 진짜 부자가 되도록 돕고 싶다. 어서 그날이 오기를 기대한다.

가치를 나누어
청년들에게
힘과 용기 주기

"나는 잘해 왔고! 잘하고 있고! 잘된다!"

"나는 정말 괜찮은 사람이고 모두 다 응원하고 있다!"

"나의 미래는 찬란하고 눈부시게 빛나리라 확신한다!"

상황이 좋지 않을 때마다 내가 외치는 말들이다. 부모님은 나에게 금전적인 것은 물려주지 못하셨지만, 돈보다 더 소중한 '긍정'을 물려주셨다. 사실 두 분의 사이는 그리 살갑지 않았다. 하지만 큰 고비가 있을 때마다 자식들에게는 언제나 "그래도 잘될 거니까 아무 걱정하지 말고 웃어."라고 말씀하셨다. 하루아침에

거리로 나앉아 창고 같은 단칸방에서 할머니와 우리 여섯 식구가 살 때도 "우리는 다 잘될 거고 모두 잘 해결될 거야. 걱정하지 마!"라고 하셨다. 나는 모든 면에서 운이 좋았다. 가난했던 유년시절에도 내게 먹일 거리는 늘 들어왔다고 한다. 덕분에 우리 집에서 내 별명은 복덩이였다. 그래서 그런지 아무리 힘든 상황에서도 부정적인 생각보나 '위기는 곧 기회다!'라는 생각이 먼저 든다.

나는 학창시절 말이 없는 편이었지만 잘 웃어서 '캔디'라는 별명이 붙었다. 주변에 항상 친구가 많았고 이야기를 잘 들어 주어 친구들의 고민 상담 전담요원이었다.

어느 날 우연히 중학교 동창을 만났다. 그 친구는 나를 단번에 알아보았다. 나는 기억이 안 나지만, 친구는 사춘기 시절 왕따를 당해 방황하고 있을 때 나의 말을 듣고 큰 힘을 얻었다고 했다. 친구는 "내가 아는 넌 충분히 가치 있는 아이야! 지금의 이 모습이 전부가 아님을 알아야 하고 사람들에게 보여 줘야 해. 넌 해낼 거라 믿어!"라는 나의 말에 힘을 얻어 어떠한 상황도 견뎌 냈다고 했다. 이 만남 이후 나는 더욱 긍정적인 말을 하고 이롭게 살아야겠다고 다짐했다.

친구들과 이야기하다 보면, 나보다 환경이 훨씬 좋으면서도 불만이 많아 보였다. 나는 이해할 수 없었다. 그래서 왜 그렇게 생각하는지 되묻고 이야기를 나누다 보면, 친구들은 자신이 가진 게 많다는 것을 스스로 깨달았다. 취업에 대해서 걱정하고 있을 때도, 나는 왜 미리 걱정하느냐고 했다. 그리고 "나는 대기업에 취직했다가 한국은행으로 이직할 거야. 우리 부모님 편안하게 해 드릴 거고, 성실하고 막내인 남자를 만나 결혼해서 압구정동에서 살거야!"라고 했다.

대전에서도 제일 가난한 동네에서 살고 압구정동은 가 본 적도 없었으면서 왜 그런 말을 했는지 모르겠다. 친구들은 웃으면서 "제발 그래라. 네 덕분에 압구정동에 놀러 가겠네. 우리가 가면 네가 밥 사!"라고 말했다.

나의 첫 직장은 현대였다. 그리고 한국은행으로 이직해 지금까지 다니고 있다. 그 시기에는 입사하기가 지금처럼 어렵지는 않지만, 그래도 경쟁률은 높았다. 중간에 한미은행과 씨티은행에서 스카우트 제의도 받았다. 업무차 만났던 분들이 감사하게 잘 봐주셨던 것이다. 은행에 입행해서도 좋으신 분들과 즐겁게 일했다. 밤늦게 퇴근해도 즐겁고 행복했다. 여러 부서를 다니며 많은 것을 배우고 익힌 시기였다.

우리는 업무특성상 외부의 성과와 연결되지 않는다. 그래서 그런지 동료와도 경쟁관계보다는 상호협조적인 관계가 주로 형성된다. 마음을 털어놓을 사람이 3명만 되어도 성공한 인생이라고 한다. 몇 년 전 내게 정말 힘든 일이 생겼을 때, 가족처럼 이해해 주고 도와주고 응원해 주는 사람들이 많았다. 나는 그런 면에서 이미 성공한 사람이다. 너무 감사하다.

결혼도 그렇다. 어느 날, 직장동료가 친구를 소개해 준다고 했다. 그 사람이 지금의 남편이다. 나는 인지하지 못하고 있었지만, 어린 시절 자주 생각했던 '식구 많은 집의 막내였으면 좋겠다'라는 무의식이 현실을 끌어당긴 것 같았다. 남편은 7남매 중 막내다.

또한 남편은 대한민국에서 성실하기로 둘째가라면 서러워할 사람이다. 우리는 가진 것 없는 전형적인 맞벌이 부부로 시작했다. 언제나 꾸준히 자기계발을 했다. 책을 손에서 놓은 적이 없고 신문도 여러 개 본다. 주말 오전에는 도서관에 가서 각종 주간지와 월간지 등을 읽으며 세계 경제흐름까지 공부한다. 꾸준히 공부하면 엄청난 효과가 있다는 것을 몸소 체험했다. 몇 번의 경제적인 위기가 왔었어도 계획적이고 꼼꼼한 남편은 슬기롭게 극복했다. 가끔은 그런 완벽하고 철저한 성격이 힘들 때도 있었다. 그렇지만 지금은 안다. 그런 남편이 있었기에 지금의 우리가 있다는 것을.

몇 년 전 《시크릿》을 접하면서, 내가 정확히 무엇인지도 모르고 했었던 것들이 같은 방법이었다는 것을 알게 되었다. 프로이트는 "사람은 80%의 무의식에 지배된다."라고 했다. 자신은 인지하지 못하고 있지만, 결정적인 순간에는 무의식의 지배를 받게 된다는 것이다. 이사를 가야 하는 상황에서 나는 나도 모르게 압구정동 쪽으로 향하고 있었다. 돈이 없었음에도, 관심이 있다 보니 부동산에 관련된 모든 것들의 초점을 압구정동에 맞추고 있었다.

이렇듯 언제나 선택의 시점에 이성적인 사고로 결정을 내린다고 생각하지만, 자신도 모르게 무의식에 지배되고 있는 것이다. 그래서 생각하고 말하는 것이 중요하다.

처음 《시크릿》이 소개되었을 때, 간절히 원하고 종이에 적기만 하면 이루어지는 줄 아는 사람들이 많았다. 지인 중 한 명은 빌딩을 끌어당긴다고 했다. 그래서 간절히 원하고 매일 보러 가서 생생하게 상상한다고 했다. 그러고 나서 무엇을 하느냐고 물었더니, 그게 끝이란다. 웃음이 터졌다. 감나무 아래에서 감 떨어지기를 기다리는 것과 다를 것이 없었기 때문이다.

JFE 김승호 대표는 저서 《생각의 비밀》에서 하루 100번 100일 동안 쓰면 이루어진다고 했다. 그가 단순히 쓰기만 하고, 지도를 사서 점포 수를 정하는 '행동'을 하지 않았다면 지금의 성공은 이루지 못했을 것이다. 나도 하루 100번 100일 동안 희망사항을 써본 적이 있다. 쓰면서 꼭 해야겠다는 열망이 커졌고 새로운 아이디어가 떠오르는 경험을 했다. 원하는 것을 이루고 싶다면 이런 원리로 써야 한다.

신은 누구에게나 공평하게 24시간을 주셨다. 각자 다른 모습으로 각자 다른 공간에서 똑같은 시간을 살아간다. 그러나 어떠한 생각을 하고 행동으로 옮기는지에 따라 굉장한 차이가 난다. 한 번밖에 없는 소중한 인생이기에 가치 있는 삶을 살고 싶다. 지금까지 많은 혜택을 누려 왔던 기성세대로서 여러 가지 힘든 청년들에게 나누어 주는 삶을 살고자 한다. 나의 경험이 누군가에게 힘이 되고 용기가 되었으면 한다.

나 혼자만의 힘으로는 부족하다. 하지만 나부터 실천한다면 나비효과처럼 파급력이 커진다는 것을 알고 있다. 나는 가치를 나누는 선한 영향력의 메신저가 되고자 오늘도 노력한다.

버
킷
리
스
트

9

| Chapter 8 |

더 나은 내일을 위해
끊임없이 도전하는 삶

김현정

김현정

영어교육 전문가, 자기계발 작가

미국 유학 중 한국에서 배운 영어로는 의사소통이 쉽지 않다는 것을 깨달았다. 유학생활 동안 얻은 경험과 깨달음 그리고 생활영어를 정리해 책으로 엮겠다는 목표를 가지게 되었다. 또한 어린이 영어교육에 관심이 많은 한국의 엄마들을 위한 프로그램을 기획 중이다.

영어교육
아카데미
설립하기

나는 꿈이 없었다. 그래서 아침에 눈뜨는 게 고역이었다. 주어진 하루하루를 소화해 내기가 지겹고 힘들었다. 심지어 이렇게 살 바에는 오늘 죽어도 상관없다고 생각했다. 이런 나를 이해해 주고 감싸 주기를 바라며 주변에 힘들게 속 얘기를 꺼내보기도 했다. 하지만 다른 사람들이 보는 나는 그저 철없는 성인일 뿐이었다. 이해받지 못하는 데 대한 서운함은 분노와 서러움으로 이어졌고, 결국 마음의 문을 닫아 버리게 되었다.

최근 몇 년간 희망 없이 암울하게만 살아왔던 내가 요즘은 믿기지 않을 정도로 활기찬 나날들을 보내고 있다. 아침에 눈뜨기가 바쁘게 어제 미리 적어 놓은 일들을 처리하고, 건강을 위해 운동을 하며, 감사한 마음으로 글을 쓰고 있다. 낭떠러지 끝에 위태롭게 서 있던 나를 생명이 가득한 대지 위에 다시 설 수 있도록 해 준 것은 다름 아닌 '꿈'이었다.

내가 어렸을 때는 한글도 모르고 초등학교에 들어가는 아이들이 꽤 많았다. 그래서 한글을 다 익히고 초등학교에 입학한 나는 우리 집안의 자랑이었다.

요즘 아이들은 어떠한가? 엄마 배 속에 있을 때부터 영어공부를 시작한다. 예비 엄마들은 태교의 일환으로 영어를 '대신' 공부한다. 미국 드라마, 일명 '미드'를 매일 보고, 영어 뉴스를 시청하고, 영어 동화책을 배 속 아이에게 읽어 준다.

태교가 중요하지 않다는 이야기가 절대 아니다. 태교의 가장 중요한 부분을 영어가 차지하고 있다는 것이다. 아이가 세상에 태어나기도 전에 어떤 회사의 영어 교재가 평판이 좋은지, 어떤 책이 최고의 교재인지 엄마들은 다 꿰뚫고 있다. 아이가 태어나기만 하면 영어공부를 시킬 만반의 준비 태세를 갖춘다.

요즘은 초등학교에서 영어를 가르치지만 내가 초등학생일 때는 영어 수업이 없었다. 사교육을 통해 영어를 배우고 어느 정도 익숙하게 구사하던 아이들의 꿈은 모두 '외교관'이었다. 당시 크리스마스 카드에 'X-MAS' 대신 'Christmas'라고 적은 아이들은 그리 많지 않았으며, 묵음인 't'를 빼먹지 않고 적은 아이들의 수는 더 적었다. 그만큼 그때는 지금처럼 영어를 흔히 사용하지 않았다.

중학교에 입학해 본격적으로 배우기 시작한 영어는 신세계였다. 필기체가 멋있어 보여서 열심히 연습해서 첫 여름방학 숙제를 모두 필기체로 썼다. 개학 후 당연히 선생님의 칭찬을 독차지했고, 더 열심히 영어를 공부하도록 동기를 부여받는 계기가 되었다. 모르는 단어가 나오면 언제나 영한사전을 펼치고 뜻과 발음을 확인했다. 그리고 영영사전을 통해 영어로 된 뜻을 다시 한 번 확인했다. 때로는 영어책을 통째로 '필사'하기도 했다. 영어를 '공부'가 아니라 '놀이'로 생각했기 때문에 가능한 일이었다.

'한국에서는 영어 못하면 죽을 때까지 고생'이라는 말을 대학교 졸업할 즈음 체감할 수 있었다. 대학교 졸업장을 받기 위해서는 토익 800점을 넘겨야 했고, 대기업에 취업하기 위해서는 토익 900점도 부족했다. 나도 다른 대학생들과 마찬가지로 토익 점수가 필요했다. 대학 3학년 여름방학 내내 토익 점수를 얻기 위한 '스킬'을 익히고 시험을 친 결과 800점이 넘는 점수를 받을 수 있었다. 그리고 대학원 석사과정에 진학했다.

석사과정 첫 1년 동안 하루의 대부분을 실험하고, 결과를 내느라 정신없이 보냈다. 2년 차에 접어들 즈음 결과물을 논문으로 엮어 내기 시작했다. 기존 영어 논문의 패턴을 분석하고 내가 쓸 논문에 대해 구상하며 차근차근 논문을 쓰기 시작했다. 처음에는 하나의 논문을 작성하는 데 오랜 기간이 걸렸지만, '논문식 영어 패턴'에 익숙해지자 차기 논문들을 수월하게 작성할 수 있었다.

석사과정을 졸업할 즈음 미국으로 유학을 떠나기로 결심하고 본격적으로 영어를 '공부'하기 시작했다. 미국 대학원에 입학하기 위해서는 GRE(Graduate Record Examination) 시험을 봐야 했다. 그리고 외국인인 나는 추가로 TOEFL(Test Of English as a Foreign Language) 시험도 쳐야 했다. GRE 시험을 치르기 위해서 하루에 500개씩 영어 단어를 외웠고, TOEFL 시험을 위해 하루 6시간씩 영어 듣기를 했다. 두 시험 모두 작문 시험을 포함하고 있었기에, 매일 영어 작문 연습 또한 게을리할 수 없었다. 다른 사람들이 써 놓은 것을 외워서 쓰는 것보다 직접 한글로 내용을 생각해 보고 영어로 작문하는 연습을 해야 높은 점수를 받을 수 있겠다고 생각하며 그대로 연습했다.

주제에 대한 창의적인 내용을 한국어로 브레인스토밍(brain-storming) 하는 것도 힘들었지만 그것을 영어로 작문하는 것은 몇 배의 고통이 따랐다. A4용지 반 장도 안 되는 내용을 영작하는 데 6시간이 넘게 걸렸다. 모든 작문 시험은 30분 내에 작성해야 하기 때문에 걱정이 많았다.

하지만 나는 포기하지 않았고, 하루도 빼먹지 않고 작문을 연습했다. 한 달 반 정도가 지난 뒤, 나는 A4용지 한 장이 넘는 분량을 30분도 채 되기 전에 영작할 수 있었다. 장족의 발전이었다. 이후 두 시험 모두 높은 점수를 얻어 위하던 미국 학교에 장학금을 받고 진학할 수 있었다.

나름 영어를 곧잘 한다고 생각했지만 정작 미국에서는 단 한마디도 할 수 없었다. 듣기는 가능한데 대답을 하려고 하면 머릿속에서 수십 개의 단어가 뱅글뱅글 돌았다. 그러다 대답할 때를 놓쳤다. 하지만 나는 포기하지 않고 매일 노력했다. TV에서 본 문장을 통째로 외우고, 뜻은 정확히 몰라도 상황을 유추해 실제 비슷한 상황이 닥치면 그대로 말했다. 모르는 것은 적어 두었다가 실험실 동료들에게 기회가 될 때마다 물어보았다. 질문거리를 만들어서 은행이나 휴대전화 회사에 전화를 걸었다. 상담원이 알아듣지 못하고 끊으면 다시 전화해 다른 상담원과 통화했다. 그 결과 미국인 룸메이트에게 시카고 출신이냐는 말까지 듣게 되었다.

한국으로 돌아와 지인들이 자녀에게 영어교육을 시키는 것을 볼 때마다 '왜 저렇게 가르치지?'라는 생각이 들었다. 어느 날, 여동생이 아이의 영어 숙제를 매일 도와주는 것이 쉽지 않다는 말을 했다. 나는 문득 궁금해져서 동생에게 물었다.

"그럼 영어를 못하는 엄마들은 어떻게 숙제를 도와줘?"

동생은 그렇지 않아도 숙제 때문에 영어를 못하는 엄마들이 선생님에게 불평이 많다고 했다. 나는 그 대화에서 작은 빛을 보았다. 내가 할 일이 무엇인지 깨달은 것이다.

많은 사람들이 영어를 공부한다. 하지만 제대로 배우고 있는 사람들이 얼마나 될까? 남들이 하니까, 또 수능을 위해서 공부하는 것이 아니라, 삶의 질을 향상시키기 위한 수단으로 영어를 배워야 한다. 그리고 그렇게 하기 위해서는 어린 시절에 영어를 어떻게 받아들이고 배웠는지가 중요하다는 것은 따로 논할 필요조차 없을 것이다.

우리는 네이티브 스피커가 아니다. 그리고 자녀를 외국인 선생님에게만 맡길 수도 없는 환경이다. 하지만 집에서 부모가, 특히 엄마가 아이에게 영어를 즐길 수 있는 환경을 조성해 주고 도와줄 수는 있다. 아이가 영어를 즐기는 법을 알게 된다면 그다음은 걱정하지 않아도 스스로 알아서 공부할 것이다. 그러기 위해서는 엄마가 제대로 알아야 한다.

나는 영어교육에 관심이 있는 한국의 모든 엄마들에게 필요한 것이 무엇인지 저서를 통해 알릴 것이다. 강연을 통해 엄마들과 만나 대화할 것이다. 그리고 실생활에서 응용할 수 있는 프로그램을 만들어 엄마와 아이들을 교육시킬 것이다. 영어를 제대로 배움으로써 삶의 질이 향상되었다고 말할 수 있도록 영어교육 아카데미를 설립할 것이다. 이 목표를 이루기 위해 나는 이제 첫발을 내디뎠다.

끝없는 **도전**으로
트라이애슬론
완주하기

미국 일리노이 주 북동부에 위치한 시카고는 건축, 음악, 예술 그리고 오바마 대통령의 정치적 고향으로도 유명하다. 시카고는 '바람의 도시'라는 별명을 가졌으며, 아름다운 야경을 자랑하고 미국인들에게 한 번쯤 살아보고 싶은 도시 1위로 꼽힌다. 또한 마라톤으로도 유명하다. 시카고 마라톤은 미국의 3대 마라톤 코스 중 하나다. 경사 없이 곧고 평평한 지형, 미시간 호 주변을 지나는 그림 같은 코스, 그리고 선선한 바람이 부는 10월에 개최된다는 점이 시카고 마라톤을 한층 더 매력적으로 만든다. 나도 반드시 시카고 마라톤에 참가해 완주하고야 말겠다며 매주 미시간 호를 따라 뛴 적이 있다.

나는 미국 시카고에서 유학시절을 보냈다. 난생처음 가족들과 떨어져 혼자 지내면서 영어로 진행되는 수업 내용을 따라가느라 고생했고, 실험 결과가 뜻대로 나오지 않는 데서 오는 스트레스가 어마어마했다. 미국 대학원에서는 일반적으로 우수한 학점을 유지하고 프리림 시험(Preliminary Examination)을 통과해서 박사후보생(Ph. D. Candidate)이 되어야만 박사 논문을 쓸 수 있는 자격이 주어진다.

실제로 프리림 시험을 통과하지 못하고 그만두는 학생들을 많이 보았기 때문에 시험을 통과하기까지 스트레스가 이루 말할 수 없었다. 운동은커녕 건강에 신경 쓸 틈이 전혀 없었다.

드디어 프리림 시험을 통과하고 박사 후보생이 되었을 때 정신적인 홀가분함은 느낄 수 있었지만, 몸은 그렇지 못했다. 미국에서 사는 것 자체가 스트레스였던 나는 유학시절 초반 두 달 만에 체중이 10kg가량 증가했고, 이후 쭉 몸무게가 돌아오지 않았다. 그리고 잠을 줄이기 위해 마시기 시작한 커피는 어느새 한 잔으로는 부족해 하루에 두세 잔씩 마시기에 이르렀다. 카페인 의존도는 높아졌지만 원래 커피를 마시지 못하던 나였기에 여전히 커피를 마시면 심장이 심하게 뛰는가 하면, 피곤할 때는 얼굴색이 까매지기까지 했다.

그러던 어느 날, '이러다가 박사 학위 받기 전에 병에 걸려 죽을 수도 있겠다'라는 생각이 들었다. 심지어 '암세포가 몸 안 어딘가에서 자라고 있는 거 아닌가'라는 생각까지 들기 시작하자 운동을 시작하지 않을 수 없었다. 살기 위해서 운동을 한 것이다.

나는 주로 학교 체육관이나 아파트 운동실에 마련되어 있는 러닝머신에서 걷거나 뛰었다. 그러기를 몇 달째, 시카고 마라톤 때문에 주말에 다운타운 곳곳을 차단한다는 뉴스를 보게 되었다. 마라톤이 올림픽 종목 중 하나인 줄로만 알고 있었던 나는 실제로 마라톤을 구경할 수 있다는 설렘을 안고 주말에 다운타운으로 향했다. 엄청나게 많은 사람들이 모여 있었다. 참가비도 만만치 않은데, 그 돈을 내면서까지 경기에 참가하는 것을 이해할 수 없었다. 그 궁금증에 대한 답은 다음 해에 스스로 얻을 수 있었다.

해가 지나고 다시 봄이 되었다. 실험 결과를 빨리 내어서 논문을 써야 한다는 불안한 마음에 주말에도 실험실에 나가서 연구를 하며 바쁘게 지냈지만, 능률면에서는 그리 좋지 못했다. 그래서 주말에 실험실로 출근하는 것을 과감히 포기하고, 바깥으로 나가서 뛰기 시작했다. '언제 이렇게 마음껏 시카고를 뛰어 볼 수 있겠나' 하는 생각도 한몫 거들었다.

처음에는 왕복 한 시간 정도 뛰었다. 사람들과 앞서거니 뒤서거니 하며 달리니 지겹지도 않았다. 오히려 '저 사람을 앞질러야지' 하는 경쟁심을 북돋우며 혼자만의 레이스를 즐겼다. 점차 달리는 거리는 늘어나고, 시간은 줄어 갔다. 그리고 여름이 끝나 갈 즈음에는 15km 이상 달릴 수 있게 되었다.

달릴수록 몸이 힘들고 지칠 것 같지만 사실 그 반대의 현상이 일어난다. 어느 순간 몸이 가벼워지고 머리가 맑아지며 경쾌한 느낌이 들기 시작한다. 계속 달려도 지치지 않을 것 같고, 계속 달리고 싶은 마음이 든다. 이를 전문 용어로는 '러너스 하이(Runner's high)'라고 한다. 달리면서 신경물질이 생성되는데, 이 물질의 구조와 기능이 마약과 유사하며, 일반 진통제의 수십 배에 달하는 진정효과를 가지고 있다고 한다. 나는 러너스 하이를 경험하며 더 멀리, 더 오래 달릴 수 있게 되었다. 그리고 다음 해에 있을 시카고 마라톤에 출전해야겠다고 마음먹었다.

결론부터 말하자면, 나는 시카고 마라톤에 출전하지 못했다. 당시 나의 우선순위는 실험, 논문, 졸업이어서 지속적으로 출전 준비를 하는 것이 쉽지 않았기 때문이다. 한국으로 돌아온 지금, 마라톤과는 전혀 관계없는 삶을 살고 있지만 얼마 전부터 새로운 꿈을 꾸기 시작했다. 바로 트라이애슬론(Triathlon), 즉 철인 3종 경기에 참가하는 것이다.

나는 운동신경이 좋아 웬만한 운동은 금방 터득하고 잘하는 편인데, 유일하게 수영은 잘 못한다. 물에 들어가는 것부터 겁나서 수영을 배울 엄두도 내지 못했다. 하지만 겁난다고 계속 피하면 죽을 때까지 수영은 할 수 없을 것 같다는 생각이 들었다. 더불어 최근에 불은 체중을 줄이기 위해서라도 수영장에 등록했다. 용감하게 수영을 배워 보기로 결심한 것이다.

처음에는 물에 뜨지도 못하고, 수영장 물을 하도 들이마셔서 배가 부를 정도였다. 하지만 지금은 '기초반의 에이스'로 등극했다. TV를 시청하면서, 길을 걸으면서도 수영 동작을 연습하고, 인어처럼 수영하는 나의 모습을 생생하게 그리며 연습한 결과다. 그리고 지금은 '빨리 수영을 마스터해서 트라이애슬론에 나가야지'라고 매일매일 생각한다.

트라이애슬론에는 다양한 코스가 있다. 가장 짧은 코스는 '스프린트'라고 하여 수영 750m, 자전거 20km, 마라톤 5km로 구성되어 있다. 나는 스프린트 코스를 목표로 하고 있다. 가끔씩 트라이애슬론 경기에 참가해 수영을 하고, 자전거를 타고, 마라톤으로 최종 결승선을 통과하는 나의 모습을 떠올려 본다. 너무 생생해서 가끔 현실인가 싶을 때도 있다. 상상만 해도 기쁜데 실제로 이루어지면 얼마나 더 기쁠까?

이제 막 수영을 배우기 시작한 사람이 무슨 트라이애슬론이냐고 할지도 모르겠다. 하지만 누구에게나 처음은 있게 마련이다. 나는 지금 그 처음을 경험하고 있으며, 단지 시작이 늦었을 뿐이라고 생각한다. 그래서 빨리 따라가고자 누구보다 열심히 노력하고 있다.

인생은 끝없는 도전이다. 도전 없는 삶은 죽은 것과 다름없다. 더 나은 내일을 위해 끊임없이 도전하고, 이루어 내는 삶을 살아야 한다. 포기하지만 않으면 도전 끝에 성공이라는 선물이 기다리고 있음을 잊지 말아야 한다. 그래서 나는 오늘도 도전하는 나의 삶을 응원한다!

버킷리스트9

초판 1쇄 인쇄 2016년 10월 05일
초판 1쇄 발행 2016년 10월 10일

지 은 이 **김태광 김종율 이명호 이선정 강장미**
　　　　최흥권 최영은 홍서진 김현정
펴 낸 이 **권동희**
펴 낸 곳 **시너지북**
기　　획 **김태광**
책임편집 **김진주**
디 자 인 **이보희**
교정교열 **우정민**
마 케 팅 **김응규 허동욱**

출판등록 **제312-2012-000040호**
주　　소 **경기도 성남시 분당구 수내동 16-5 오너스타워 407호**
전　　화 **070-4024-7286**
이 메 일 **synergybook@naver.com**
홈페이지 **www.wbooks.co.kr**

ⓒ시너지북(저자와 맺은 특약에 따라 검인을 생략합니다)
ISBN 979-11-87532-17-0 (03190)

이 도서의 국립중앙도서관 출판도서목록(CIP)은 서지정보유통지원시스템 홈페이지(http://seoji.nl.go.kr)와 국가자료공동목록시스템(http://www.nl.go.kr/kolisnet)에서 이용하실 수 있습니다.(CIP제어번호:2016023763)

이 책은 저작권법에 따라 보호받는 저작물이므로 무단전재와 무단복제를 금지하며, 이 책 내용의 전부 또는 일부를 이용하려면 반드시 저작권자와 시너지북의 서면동의를 받아야 합니다.

시너지북은 독자 여러분의 책에 관한 아이디어와 원고 투고를 설레는 마음으로 기다리고 있습니다. 책으로 엮기를 원하는 아이디어가 있으신 분은 이메일 synergybook@naver.com으로 간단한 개요와 취지, 연락처 등을 보내주세요. 망설이지 말고 문을 두드리세요. 꿈이 이루어집니다.

시너지북은 위닝북스의 브랜드입니다

※ 책값은 뒤표지에 있습니다.
※ 잘못 만들어진 책은 구입하신 서점에서 교환해 드립니다.